Uma lição de vida

Meir Schneider

Uma lição de vida

Tradução
Octavio Mendes Cajado

EDITORA CULTRIX
São Paulo

Título original: *Self-healing.*

Copyright © 1987 Meir Schneider.

O primeiro número à esquerda indica a edição, ou reedição, desta obra. A primeira dezena à direita indica o ano em que esta edição, ou reedição foi publicada.

Edição   Ano

10-11-12-13-14-15-16   09-10-11-12-13-14-15

Direitos de tradução para a língua portuguesa
adquiridos com exclusividade pela
EDITORA PENSAMENTO-CULTRIX LTDA.
Rua Dr. Mário Vicente, 368 – 04270-000 – São Paulo, SP
Fone: 2066-9000 – Fax: 2066-9008
E-mail: pensamento@cultrix.com.br
http://www.pensamento-cultrix.com.br
que se reserva a propriedade literária desta tradução.

Agradecimentos

Levei nove anos para escrever este livro. Às vezes me parecia impossível expressar em um volume todos os aspectos do processo de autocura: minhas próprias experiências enquanto aprendia a enxergar, a teoria e a filosofia fundamentais da autocura e as histórias de algumas pessoas. Eu nunca teria empreendido este projeto sem a direção e o apoio do meu mentor espiritual, Herbert Fitch.

Comecei a escrever este livro assim que me mudei para os Estados Unidos, vindo de Israel. Minha visão ainda era fraca e eu tinha dificuldade em ler e escrever em inglês. Cheguei à conclusão de que seria mais fácil ditar o livro para um gravador e pedir a outra pessoa que transcrevesse a fita, mas até isso era difícil, pois o que eu precisava expressar era tão pessoal e tão profundamente sentido, que me parecia assustador partilhá-lo com o mundo. Recebi a maior ajuda de Hannerl Ebenhoech, uma senhora austríaca maravilhosa, que fez as vezes de parteira do livro. Durante vários meses realizamos sessões "de escrita", em que ela vinha à minha casa, sentava-se ao meu lado e prestava atenção a tudo, à medida que eu ia gravando. Falava pouco, mas suas expressões e gestos transmitiam amor, compreensão e entusiasmo. Com o seu amparo, minha história fluiu com mais facilidade. Mesmo quando Hannerl não podia sentar-se ao meu lado, continuei a sentir seu estímulo. Assim que gravei todas as minhas impressões, Hannerl transcreveu as fitas, esforçando-se para compreender o meu limitado inglês.

Logo que o trabalho de datilografia ficou pronto, empreendemos uma viagem para editá-lo, com suas oitocentas laudas, mas nós dois gostávamos tanto de todo o trabalho que não fomos capazes de modificá-lo. Entretanto, a resposta de outros amigos, pacientes e estudantes era totalmente desfavorável.

Pensei em desistir de tudo, quando Maureen Larkin, uma amiga íntima, que é também minha paciente e uma de minhas melhores alunas, assumiu a responsabilidade de dar continuidade ao projeto. Maureen e Margery Anneberg, artista e minha paciente durante muito tempo, consumiram dois anos para traduzir minhas idéias num inglês compreensível e dar-lhes uma seqüência lógica. Minha relutância em permitir-lhes cortar boa parte do material tornou-lhes a tarefa particularmente difícil.

No verão de 1984, Nancy Wilson Ross, em visita a San Francisco e a pedido de um amigo, concordou em ler o manuscrito. Seu estímulo, a par de sua insistência em condensar o livro, convenceu-me a reescrevê-lo mais resumidamente. Assim enviamos caixas repletas de material — fitas, manuscritos e literatura sobre autocura — a Deke Castleman, editor de uma pequena editora das redondezas, que desbastou o livro até deixá-lo de um tamanho razoável, eliminando repetições e abreviando histórias, reduzindo-as ao essencial.

A redação final foi feita em duas maratonas, de uma semana cada uma, por mim, Maureen, Margery e um monge zen chamado Arnold Kostler, que já trabalhara em editoras e cujas interrogações incisivas ajudaram imensamente o nosso processo editorial. Durante centenas de horas, conseguimos recriar o espírito das fitas originais, enquanto políamos a forma e deixávamos ainda mais claro o conteúdo. Por fim, sentimos que o livro estava pronto, e, para nossa grande alegria, os editores da Routledge & Kegan Paul também compartilhavam o nosso sentimento.

Eu gostaria de transmitir meus agradecimentos mais profundos aos amigos que tornaram este livro possível, e a muitos outros, tão numerosos que não podem ser mencionados. Devo agradecimentos especiais a Muriel Wanderer, que leu pacientemente as provas de várias versões, oferecendo sugestões valiosas, e, sobretudo, a Eileen Campbell, minha editora da Routledge & Kegan Paul, que acreditou no livro.

Introdução

Numa noite do último verão, corri onze quilômetros na praia de San Francisco, da Cliff House a Daly City, ida e volta. O ar estava fresco, mas o sol que brilhara durante o dia havia aquecido a areia. Senti-me levado sem esforço pelos pés, sem nenhuma pressão em parte alguma do corpo, com as batidas do coração ligeiramente acima do normal e a respiração suave e regular. Meus olhos saboreavam profundamente a magnífica visão do oceano, do céu noturno e dos morros que circundavam a cidade. Ao chegar ao fim da praia, sentei-me. Aonde meus pés já não podiam carregar-me, meus olhos me levavam. Contemplei as ondas túmidas, que espumavam na praia, observei um borrifo delicado e cintilante cobrindo as formações rochosas, que assumiam o aspecto de castelos, cavernas e pontes. Aspirei o ar úmido e relaxei-me profundamente, pensando em minha família, em Israel e, sobretudo, em tudo por que passei para poder conhecer aquela intensa experiência visual. Desde o princípio eu procurara o mar para exercitar os olhos, utilizando-me do sol, do ar fresco, das ondas e do meu próprio corpo como instrumentos de cura. Na manhã seguinte eu estaria voltando a Israel pela primeira vez desde que de lá saíra, nove anos atrás.

Toda a minha família foi receber-me no aeroporto. Ela sempre me desestimulara de praticar os "inúteis" exercícios dos olhos e do corpo, que finalmente me permitiram curar a cegueira, e me desestimulara de ensinar a outros os métodos de autocura que eu descobrira, ainda que estivessem tendo notável sucesso antes mesmo que eu terminasse a escola secundária. Não obstante, foi uma alegria vê-los todos, meus pais, minhas tias e tios e, especialmente, minha avó, a única alma carinhosa que me animara a fazer a tentativa desde o início.

Fui ver Miriam, minha primeira professora, a mulher que me guiara os primeiros passos na autocura. Depois de procurar sua casa por muito tempo, bati à porta e ouvi-lhe a voz:

— Quem está aí?
— É Meir — respondi.
— Quem o mandou aqui? — indagou ela.

Fiquei chocado; ela não se lembrava de mim!

— Sou eu, Meir — repeti.
— Está bem, mas quem o mandou aqui?

Afinal, ela abriu a porta, e ainda assim não me reconheceu.

— Miriam, sou Meir, não se lembra de mim? Aquele que curou os olhos da cegueira.

Quando, afinal, compreendeu, ela precisou agarrar-se à maçaneta da porta para não cair; depois, segurou-me a camisa e pôs-se a sacudir-me e abraçar-me, rindo histericamente. Puxou-me para dentro da casa e apresentou-me aos seus hóspedes, ainda a rir-se:

— Este é Meir, aquele de quem lhes falei. Não posso acreditar!

Verifiquei, então, que algumas daquelas pessoas tinham estado ouvindo histórias a meu respeito havia vários anos. Fiz conferências para centenas de pessoas na Sociedade Vegetariana, a primeira organização a apoiar e promover o meu trabalho. O próprio secretário do Parlamento de Israel foi ao seminário que se seguiu às conferências. Uma mulher parcialmente cega, que até então nunca fora capaz de ler nada, ao fim do terceiro dia já lia algumas letras, e várias pessoas que sofriam de graves problemas na espinha experimentaram alívio logo depois do primeiro dia. Minha velha amiga e colega, Vered, lá estava, com Channi, antiga paciente nossa. Eram ambas vítimas da pólio. Channi, que usava bengala para andar quando eu a vira pela primeira vez, contou-me que a bengala ficara encerrada no armário nos últimos dez anos. Elas começaram a praticar exercícios que não faziam havia muito tempo, e a criatividade de Vered desabrochou, como sempre. Ela seguiu minhas instruções desde o princípio e, a partir dali, criou uma dúzia de novos exercícios próprios, encontrando forças dentro de si mesma para movimentar a perna fraca de maneiras que nem ela poderia acreditar que conseguisse.

Mostrei às pessoas a diferença entre movimento e exercício. O movimento é a essência da vida, e cada movimento infunde vida nova ao corpo. A inteligência inata do corpo revela-se através do movimento sutil — é um instrumento para criar toda melhoria que se deseja. Estimulei as pessoas a descobrir e criar exercícios que se adaptassem aos próprios corpos, como Vered fizera. Diverti-me ao notar a diferença que havia entre os meus alunos israelenses e os da América. Os israelenses faziam muito mais barulho, e cada qual, julgando-se um especialista, explicava aos outros o que eu tencionara dizer, e a seguir berravam uns com os outros por não me deixarem falar. Eu era a única pessoa sossegada do grupo, e todos me cumprimentaram pela minha cortesia, o que nunca aconteceu na América.

No último dia do seminário juntaram-se a nós Miriam, minha avó e minha tia Nechama, que estava experimentando a minha técnica pela primeira vez. Tia Nechama confessou-se espantada, pois, depois de fazer exercícios de olhos, conseguia ler sem os óculos, e o orgulho da vovó não conhecia limites. Ela sempre me apoiara, e via agora o fruto de seu cuidadoso zelo. Vovó tivera problemas de coração e articulações inchadas durante vários anos, e apenas conseguia caminhar quando cheguei, não podendo subir escadas sem a ajuda de outra pessoa. Quando saí de Israel, estava caminhando sozinha sem dificuldade, e contou-me:

— Meir, a melhor coisa que você poderia ter feito por mim foi curar-se, pois agora tudo o que trouxe para si está dando a mim.

Escrevi este livro com a esperança de que muitos, muitos outros também se beneficiem destes simples descobrimentos: que o corpo necessita de movimento e atenção, que nenhuma doença é incurável e que nunca se deve abandonar a esperança.

Parte I
Crescendo cego

Capítulo 1

Savta

Foi Savta, mãe de minha mãe, quem primeiro percebeu que eu estava cego. Isso aconteceu em Levov, nas cercanias de Kíev, na Rússia, logo depois que nasci. Ela me observou atentamente durante vários dias e, quando teve certeza de que eu tinha algum problema nos olhos, pediu a Deus que lhe desse força e sabedoria para aceitar essa nova tragédia — outro descendente deficiente.

Meu pai e minha mãe são surdos. Minha mãe, Ida, perdeu a audição aos três anos de idade, depois de uma moléstia não diagnosticada. Meu pai, Avraham, caiu do colo da empregada da família quando tinha um ano e seu cérebro foi afetado, causando-lhe a surdez. Conheceram-se numa escola de dança em Levov, apaixonaram-se e se casaram. A mãe de meu pai tinha tanto medo de que eles tivessem filhos deficientes que dormia no quarto do casal a fim de impedi-los de consumar a união. Mas como é impossível impedir a consumação de uma união, mamãe ficou grávida de minha irmã, Bella.

Bella era completamente sadia. Esse fator infundiu confiança em meus pais, que tiveram outro filho cinco anos depois. Nasci vesgo, com glaucoma (excesso de pressão nos olhos), astigmatismo (curva irregular da córnea), nistagmo (movimento involuntário dos olhos) e catarata (opacidade do cristalino). Em suma, eu era cego. Meu pai estava muito ocupado inaugurando seu estúdio de fotografia, e minha mãe, surda, sentia-se incapaz de dispensar os cuidados especiais de que necessitavam um nenezinho cego e uma filha ativa de cinco anos. Isso fez com que os pais dela se mudassem para Levov, a fim de tomar conta de Bella e de mim.

Meu avô fora preso em 1943 pelo governo comunista, onze anos antes do meu nascimento, acusado de práticas comerciais capitalistas na direção de uma loja de departamentos. Foi condenado a passar oito anos na Sibéria, e o governo confiscou-lhe a casa, uma casa grande, para onde se mudaram sete famílias. Depois de passar apenas seis meses na Sibéria, soltaram-no quando todos os russos nascidos na Polônia, que se encontravam no acampamento, foram recrutados para servir na Resistência polonesa. Quando, porém, o general polonês ficou sabendo que meu avô era judeu, expulsou-o do grupo. Apesar de ser libertado por essa curiosa circunstância, seis meses de maus-tratos e trabalhos pesados lhe haviam alquebrado o ânimo, e ele voltou para a família como um homem amargo.

Minha avó foi incumbida de tomar conta de mim. As primeiras lembranças que tenho da vida são todas dela. Quando completei seis meses de idade, ela me levou numa viagem de trem a Odessa, no mar Negro, a quase mil e quinhentos quilômetros de distância, a fim de consultar uma renomada oftalmologista. A médica examinou-me e disse que eu precisaria de uma cirurgia logo que os cristalinos estivessem suficientemente rijos. Savta [1] me contou depois que eu adorei o trem e detestei a médica. Esta me examinou diante de um grupo de oftalmologistas residentes e, segurando-me nas mãos, sorriu para Savta e disse:

— É um nenezinho tão bonitinho! Uma cabeça tão grande, um gênio como Aristóteles. — Em seguida, voltando-se para os médicos à sua volta, acrescentou: — Vamos operá-lo.

Um dos residentes resmungou:

— Espero que me deixem fora disso.

Após a reunião, Savta procurou-o e perguntou-lhe o que ele quisera dizer com aquilo.

— Nessa idade, o crânio é muito mole — respondeu o médico —, e a cirurgia, sem dúvida, seria um grande risco para o bebê.

— Estamos planejando ir para Israel daqui a alguns anos — contou ela. — Poderíamos esperar todo esse tempo?

---

[1] Savta, *palavra hebraica, significa "avó". (N. do A.)*

— Sim — afirmou ele. — Na verdade, creio que seria muito melhor deixar que isso fosse feito por um médico judeu.

Compreendendo a implicação de que o neto poderia dar-se mal com a operação, Savta arrumou a trouxa e tomou imediatamente o moroso trem que percorreria os mil e quinhentos quilômetros de volta a Levov.

Nos três anos seguintes, tomei consciência da minha cegueira. Um mundo incômodo, tenebroso — sempre escuro. Muitos sons súbitos e inesperados. Raras vezes eu sabia onde estava. O mundo vivia cheio de superfícies duras e arestas agudas, e somente Savta era meiga e terna comigo.

Somente ela conseguia me acalmar e me confortar. O mundo parecia um pouco mais brilhante quando eu a tinha por perto, e eu me agarrava a ela, prestava atenção ao que ela dizia e seguia-a a toda parte. Quando ela ia às compras ou à biblioteca, ainda que me assegurasse que estaria de volta em pouco tempo, eu ficava berrando até que ela voltasse. Está claro que minha mãe não podia me ouvir e, mesmo que me visse em pleno acesso de fúria, não podia me deter. Só quando Savta voltava e eu podia lhe ouvir a voz carinhosa e meiga e lhe sentir o abraço quente, conseguia acalmar-me.

Quando fiz quatro anos, minha família começou a se preparar para emigrar para Israel. Embora vivêssemos confortavelmente em Levov, meu pai estava sempre em perigo, visto que sua loja vendia fotografias ilegais de ícones religiosos, e meu avô tinha uma consciência até exagerada dos riscos representados pelas autoridades. Judia, minha família achava que seria muito melhor viver num país governado por sua própria gente.

Naquele tempo, era proibido emigrar diretamente da Rússia para o Ocidente, de modo que, inicialmente, tivemos de cruzar a fronteira e entrar na Polônia. Conseguimos fazê-lo, graças ao documento que meu avô recebera ao ser libertado da Sibéria, que rezava que ele nascera na Polônia (e também, segundo me disseram, graças a um guarda corrupto da fronteira). Tivemos de permanecer ali durante seis meses, até nos permitirem sair.

Na Polônia sofri minha primeira cirurgia dos olhos para a remoção da catarata. Foi excruciante, e eu não compreendia o que estava acontecendo. Todas as noites Savta se deitava ao meu lado, massageando-me o pescoço e o rosto. Lembro-me de ter acordado por um momento durante a cirurgia e *visto* o rosto de um médico — a máscara cirúrgica e os olhos. Não sei se eu estava sonhando ou se realmente o vi, mas, fosse o que fosse, era a primeira indicação de que poderia realmente enxergar, e aquela imagem e a esperança que ela me instilou nunca me deixaram.

Após a operação, meus olhos foram inteiramente cobertos por bandagens. Depois que retiraram as ataduras, pude distinguir a luz, sombras e até umas formas um tanto vagas. As pessoas presumem geralmente que a cegueira é a submersão no escuro total, mas, depois de conhecer a cegueira total com as faixas que me recobriam os olhos, compreendi que a cegueira é relativa, e que eu tinha alguma visão.

Recuperei-me da cirurgia em casa, e, após passar seis meses na Polônia, meus avós, meus pais, dois tios, Bella e eu pegamos nossos passaportes poloneses e partimos para a Itália, onde embarcamos no navio *Shalom* para Israel.

Lembro-me do ar revigorante do mar e dos borrifos salgados, dos grandes motores a diesel, que eu não somente ouvia, mas também sentia através do tombadilho, e dos balanços do navio que quase não me deixavam manter-me de pé. E lembro-me da luz — a brilhante luz prateada da lua, que discernia escassamente, refletida no Mediterrâneo. Eu me quedava encostado ao parapeito e fitava a luz refletida na água por longo tempo. De uma feita, num desses devaneios, minha avó colocou-me um pedaço de queijo *cheddar* na mão, e me recordo de havê-lo segurado bem próximo do rosto e visto, na realidade, meus três dedos segurando-o, e uma cor maravilhosa que nunca vira antes.

— Isto é queijo amarelo, meu querido Meir.

Ela deve ter notado meus olhos tentando focalizar o queijo.

— Queijo amarelo! Queijo amarelo! — gritei muitas e muitas vezes, para quem quisesse ouvir, enquanto andava aos tropeções pelo tombadilho.

Desembarcamos em Haifa e instalamo-nos em Morasha, subúrbio de Tel Aviv. Meus avós e meus tios ficaram num pequeno apartamento e minha família ficou em outro, no mesmo prédio. Meu pai e meu avô meteram mãos à obra a fim de recomeçar o negócio de fotografias em Tel Aviv.

Nos dois anos seguintes, fui submetido a mais quatro cirurgias de catarata. A catarata consiste numa progressiva opacidade do cristalino. Na cirurgia bem-sucedida da catarata, remove-se o cristalino para permitir à luz chegar à retina. No meu caso, não só os cristalinos obscurecidos não tinham sido completamente removidos, mas também o tecido cicatricial criado pelas operações constituía um obstáculo ainda maior para a passagem da luz. Minha visão não mostrava nenhum sinal de progresso.

As cirurgias eram terrivelmente dolorosas e emocionalmente traumáticas. Eu ouvia crianças chorando, portas batendo e estranhos falando com aspereza. Tinha sede e abominava os odores do hospital. Vivia quase sempre amedrontado. Savta, meu único consolo, me segurava, acarinhava e massageava. Estávamos num hospital perto de Jafa, no Mediterrâneo, e ela me instigava constantemente a sentir a brisa revigorante do mar e a cheirar o ar salgado. Na única noite que tive de passar sem ela, chorei o tempo todo.

Após cinco operações, meus cristalinos estavam quase totalmente destruídos. Sem óculos, eu só via luz e sombra embaçadas e, com o auxílio de lentes bem grossas, distinguia formas vagas. O dr. Stein, oftalmologista mundialmente famoso, que realizou a última operação, declarou o meu estado irreversível, e recebi uma certidão do Estado de Israel que me proclamava legalmente cego. Eu tinha seis anos.

Em casa, colérico e rebelde, eu jogava os óculos no chão e espezinhava-os. O modo com que eles concentravam a luz nos meus olhos era doloroso e, se bem que as lentes fossem tão grossas que não se podiam quebrar, eu conseguia arrebentar as armações. Sentia uma dor persistente nos olhos e tinha a desoladora impressão de estar encafuado numa prisão escura de sombras e contornos.

Ao mesmo tempo, tinha consciência de uma parte de mim, que aceitava tudo pacificamente. Até nos meus momentos mais histéricos, sabia que as coisas não eram tão más quanto pareciam. Eu estava sempre usando as mãos para "ver" texturas e formas. Gostava de sentir os contornos da família — rostos, mãos, braços, barrigas, pernas e pés. Embora meus sentidos do olfato, do paladar e da audição fossem inusitadamente agudos, foi através do tato que realmente explorei o mundo e vim a conhecê-lo.

Como o meu mundo não era visual, a comunicação com meus pais surdos tornava-se difícil. Não aprendi a linguagem dos sinais e nunca compreendi a importância de dirigir meus lábios para os olhos deles quando falava. Meu pai me agarrava a cabeça, às vezes contra a minha vontade, e levantava meu rosto para cima a fim de ler meus lábios. Sua voz parecia uma torneira malfechada que deixava cair gotas de água numa lata de café: *Bup bop blip blu blu blob...* mas desenvolvi um ouvido para compreendê-lo, e sabia quando ele me ordenava:

— Pare de bater nessa maldita lâmpada.

Está visto que ocorriam muitos desastres. Quando eu saía com meu pai, freqüentemente me perdia. Eu deixava-me ficar no lugar e começava a lamuriar, mas ele não me ouvia. Era preciso um bom samaritano que adivinhasse o problema e nos reunisse.

Eu sempre procurava ser igual aos outros — nunca aceitei ser "deficiente". Ao atravessar a rua, enxergava o suficiente para saber quando as formas vagas das pessoas começavam a mover-se. Só no escuro conseguia distinguir a duras penas um ponto vermelho ou verde dos semáforos. De vez em quando, mergulhava à minha frente e os motoristas eram obrigados a cantar os pneus à minha volta. Fui atropelado muitas vezes, embora sem graves conseqüências, e isso gerava um tremendo rebuliço. Mas nunca usei bengala branca nem cachorro.

Eu ia ao cinema e, embora meus olhos não me contassem muita coisa, seguia o enredo pelo ouvido. E nunca tive medo de fazer perguntas. Cheguei até a andar de bicicleta, se bem que muitas vezes abalroasse muros, árvores e pessoas. Certa vez, minha bicicleta desceu uma longa série de escadas e acabei machucando seriamente o cóccix. Eu jogava futebol. Embora não pudesse acompanhar todas as peripécias do jogo, de vez em quando acertava um chute na bola, e era um bom pugilista. Eu gostava de correr, mas caía e batia a cabeça em algum lugar quase todos os dias. Até hoje dizem que tenho a cabeça dura.

Os garotos da vizinhança geralmente me excluíam das brincadeiras. Quando eu tentava me juntar a eles, costumavam pregar-me peças. Num minuto estavam ali, mas, no instante seguinte, haviam desaparecido. Não viam nada de errado em judiar de mim; isso lhes parecia perfeitamente natural. Eu precisava gritar e lutar para tomar parte em qualquer brincadeira e tinha de competir com muito afinco quando me deixavam participar dela.

Por fim, cheguei à idade escolar. Vivíamos nos subúrbios, e as autoridades forneciam transporte para todas as crianças deficientes que precisavam freqüentar escolas na cidade. Em minha perua havia outro menino cego e diversos garotos com pólio. Todas as manhãs e todas as tardes o grupo de crianças cegas e aleijadas entrava em Tel Aviv e de lá saía.

A cidade fascinou-me. Era grande, movimentada e barulhenta. Passei a me gabar diante dos garotos da minha vizinhança referindo-me à grande escola em que eu estudava na cidade. Falava-lhes dos diversos jogos que disputávamos em Tel Aviv, e sempre que perdia um, dizia:

— Em Tel Aviv as regras são diferentes.

No primeiro ano, comecei a estudar braile. Os garotos cegos tinham uma hora de leitura e escrita em braile no fim de cada dia. Foi-me difícil sentar-me num lugar e concentrar-me nas impressões em relevo do papel. Os arranjos diferentes dos pontos não tinham sentido para mim. Mulher muito impaciente, minha primeira professora de braile gritava comigo e me castigava sempre que eu cometia um erro, o que dificultava o aprendizado.

Na aula de braile, quando eu queria olhar para os meus dedos passando pelo texto, ela logo berrava:

— Você não pode enxergar nada, por isso pare de olhar.

A ordem para abster-me de fitar os olhos nos meus dedos e dirigi-los diretamente à frente, a fim de concentrar-me apenas no que os dedos sentiam, era muito irritante. Significava agir como se eu não tivesse nenhuma visão. Desencorajando-nos de usar a pouca visão que tínhamos, a professora diminuía as probabilidades de nos tornarmos "normais" algum dia e, inadvertidamente, ajudava a diminuir o nosso amor-próprio.

Outro dilema colocava os meninos deficientes em situação desvantajosa. De um lado, por ser cego, não se esperava que eu fizesse grande coisa. Sabia-se que a leitura e o estudo de braile eram lentos e laboriosos. Entretanto, por isso mesmo, à guisa de compensação, esperava-se também que eu trabalhasse duas vezes mais do que os garotos "normais". O que, naturalmente, era muito frustrante. Apesar dos pesares, quanto mais eu permanecia ao lado dos garotos "normais", mais compreendia que poderia fazer tudo o que eles faziam, e estava determinado a fazê-lo. Ao chegar ao quarto ano, já lia braile bem depressa.

Quando eu tinha dez anos, mudamo-nos para Tel Aviv, e precisei aprender a virar-me sozinho num bairro totalmente novo. Continuei na mesma escola, por ser a que ensinava braile e, assim, não cheguei a conhecer os garotos do meu bairro. Sentindo-me solitário, refugiei-me entre os livros. E comecei a ler vorazmente.

Em Israel, o ingresso numa escola secundária envolve intensa competição. Meus professores nunca acreditaram que um menino cego pudesse entrar num bom curso secundário, mas minha avó estava decidida a ajudar-me. Animou-me a me superar, orientou-me da melhor maneira que pôde com o seu hebraico imperfeito e certificou-se de que eu acreditava em mim mesmo. Preparei-me intensivamente para o ginásio, sabendo que este seria um ponto decisivo da minha vida. Com a ajuda de minha avó, que não se cansava de falar por mim com os diretores das escolas mais importantes, fui aceito na escola mais prestigiada de Tel Aviv.

A despeito de todos os meus temores e dúvidas, eu estava exultante. Ia cursar uma escola secundária. As possibilidades pareciam ilimitadas. Era a excitação do desconhecido. Eu fora estimulado, e até empurrado para o sucesso por minha avó e umas poucas pessoas que acreditavam em mim. Mas topei imediatamente com as mesmas opiniões obtusas a respeito dos deficientes que já havia ouvido. Proibiram-me de participar de excursões pelos campos e fui excluído do treinamento pré-militar, compulsório para todos os outros meninos.

Em Israel, o treinamento militar é parte fundamental da vida dos jovens. Ser excluído dele equivalia a uma porretada. Apelei para o assistente do diretor, dizendo-lhe que eu era perfeitamente capaz de fazer tudo o que fosse exigido dos outros. A discussão durou várias horas — cheguei a dar um murro na mesa —, e ele, finalmente, me permitiu participar do treinamento e das excursões pelo campo. Não me deixariam atirar com espingarda, mas eu corria tão depressa quanto outro qualquer. Quando os garotos tiveram de saltar de uma altura de três metros sobre um colchão, ninguém imaginou que eu pudesse fazê-lo, mas me introduzi furtivamente entre eles e acabei pulando de qualquer maneira. Mostrei-me capaz de participar de todas as fases do treinamento, exceto a prática do tiro com fuzil. Nisso, o instrutor era inflexível. Mais uma vez enfrentei a enervante contradição. Por achar que eu não pertencia àquela classe, o instrutor me obrigava a fazer mais do que qualquer outro para justificar minha presença ali. Embora os outros pudessem, às vezes, esquecer o uniforme, eu tinha sempre de estar impecavelmente vestido. Eu não gostava que me pedissem para fazer mais nem menos do que qualquer outra pessoa.

Eu já não tinha aulas de braile — a escola se destinava a crianças normais. Muitos dos compêndios exigidos não existiam em braile e, conquanto alguns professores tentassem ajudar-me pedindo a outros garotos que lessem para mim, geralmente eu precisava escrever à biblioteca em braile e solicitar que datilografassem os livros em braile para mim. Isso, acrescido de muitas longas e árduas horas de estudos, exigia que eu me adaptasse a circunstâncias completamente novas. Tive de fazer melhor uso de minha inteligência e de maneiras diferentes. Tinha de apreender idéias e fatos muito depressa, pois não podia simplesmente ler o que anotara sobre eles mais tarde, como os outros garotos. Como eu necessitasse de ajuda extra em matérias como matemática e leitura, precisava ser muito forte em outras matérias para poder ensiná-las a outros meninos em troca das que eles me ensinavam. Não me bastava passar, eu tinha de exceder.

Dei-me bem na maioria das aulas, mas estava fracassando nas de Talmude, a lei judaica, porque o professor se interessava mais por futebol e pelas meninas da classe do que por dar uma aula coerente. Eu dependia das aulas dadas na classe, pois não podia contar com o material escrito. Meu tio Moshe, conhecido erudito bíblico, que interpretava o Antigo Testamento de um ponto de vista marxista, ofereceu-se para ensinar-me essa matéria. Ele acreditava que tudo aquilo que valesse a pena ser feito valia a pena ser feito com perfeição. Eu me sentava e lia uma página para ele utilizando duas grossíssimas lentes de aumento, uma em cima da outra, e se eu cometesse um erro, por menor que fosse, ele se inclinava para mim e me dizia, cáustico:

— Bem fraquinho na matéria, não é mesmo?

Era-lhe difícil ficar pacientemente sentado, enquanto eu lia devagar, e isso me fez trabalhar com mais afinco ainda para conquistar-lhe a aprovação.

Nesse ano também descobri as garotas, mas, no meu primeiro baile da escola, nenhuma delas quis dançar comigo. Considerando-se minhas grandes expectativas de sucesso na escola secundária, este foi um terrível desapontamento.

No verão que se seguiu ao meu primeiro ano de ginásio, por sugestão da minha oftalmologista, fui examinado pela optometrista-chefe do Hospital Hadassah de Jerusalém. Ela possuía um numeroso e sofisticado equipamento para examinar os olhos. Depois de estudar-me cuidadosamente, receitou dois tipos de lentes de aumento que, pela primeira vez, me permitiriam enxergar as letras. Uma lente era um monóculo de potência telescópica com a qual eu podia ler palavras no quadro-negro, uma letra ou duas por vez. A outra, uma lente microscópica cilíndrica, presa à armação dos óculos, me permitia ler palavras impressas, e também uma ou duas por vez. Para ler, eu tinha de colocar o livro bem defronte do nariz.

Aquilo me assustou. Era evidente que eu queria enxergar, mas já sabia me virar como pessoa cega e me amedrontava pensar em mudar tudo. Se bem que fosse muito difícil, eu sabia ser cego e me achava, por assim dizer, "à vontade" nessa situação.

Vi-me obrigado a enfrentar a crença que os professores de braile e outros me haviam incutido — a saber, que eu não poderia fazer uso dos olhos e, portanto, não devia tentar utilizá-los. Aos dezesseis anos, eu me aferrara de tal modo às minhas maneiras de ser, que me era difícil e um tanto ou quanto atemorizante dar o passo seguinte. Durante o verão, tentei ajustar-me às lentes para perto lendo um pequeno romance. Levei quarenta e cinco horas para ler cinqüenta páginas, mas, em que pese o grande esforço e a pressão nos olhos e no pescoço, fiquei contentíssimo. Quando eu começara a estudar braile, o processo fora igualmente demorado, de sorte que aguardei, paciente, os novos progressos.

Às vezes, me pergunto como consegui ler ou escrever — eu acabara de descobrir como era uma letra. No segundo ano da escola secundária li tudo o que me foi solicitado, escrevi todas as lições que me foram exigidas e até passei nas provas escritas. Tive dores de cabeça torturantes todos os dias, e, não raro, deitava sangue pelo nariz por causa do esforço. Era tão difícil para mim escrever que eu transpirava profusamente durante as provas. Um professor devolveu-me uma folha de papel manchada de sangue, dizendo:

— Você realmente pôs sangue, suor e lágrimas nisto aqui.

Meu professor de matemática me tratava como a um inválido e esperava que eu ficasse quieto e me portasse discretamente. Oferecia-me mais ajuda do que eu precisava. Chegou a pedir a outro aluno que tomasse notas por mim durante as aulas. Eu lhe disse que, depois de passar nove anos sendo ajudado na leitura e na escrita, eu desejava fazer o trabalho sozinho, por mais difícil que fosse.

Alguns colegas de classe começaram a me tratar como a um igual, mas muitos continuaram a mortificar-me. Certa vez, precisando de ajuda para terminar uma longa lição de geografia, apelei para outro aluno. Ele replicou:

— Você tem o livro, leia-o.

A princípio, magoei-me com a resposta, mas, passado algum tempo, compreendi o valor da lição: eu precisava ser independente.

Um belo dia, o Departamento de Registro do Exército chamou-me. Meu pai, cuja surdez o dispensara do exército, disse que me bastaria mostrar-lhes o meu certificado de cegueira para não precisar sujeitar-me aos testes. Fiquei irritado com isso, pois, como eu já disse, servir o exército é uma parte importante da vida em Israel, e tudo o que queria era ser aceito. Quando fui ao centro de alistamento fazer os exames físicos, o oftalmologista ficou assombrado quando notou que eu não conseguia ler sequer a primeira letra do mapa de Snellen — com as lentes grossas adaptadas à armação dos óculos! Fui declarado inepto para servir o exército.

Mais ou menos nessa ocasião, a minha oftalmologista testou meu progresso com a lente de aumento. Ela sabia que eu tinha trabalhado com afinco e cumprimentou-me, mas, depois de examinar meu forte olho direito, anunciou:

— Uma espécie qualquer de catarata está reaparecendo. Ainda não quero operá-la, mas vamos observá-la com muito cuidado para ver o que pode acontecer.

Perguntei-lhe:

— A senhora acha que meus olhos podem ter alguma melhora? Uma cirurgia não os deixaria em melhores condições?

Ela respondeu:

— Não, receio que não.

Voltei para casa muito deprimido. Mesmo que eu me arriscasse a submeter-me a outra intervenção cirúrgica, não havia nenhuma possibilidade real, de acordo com a médica, de que a cirurgia pudesse melhorar a visão.

E, todavia, bem no fundo de minha alma, eu tinha um sentimento diferente. Já era capaz de ver as letras com uma lente de aumento e sabia que acabaria aprendendo a ler muito mais depressa. *Sabia* que a médica estava enganada. Ignorava quais seriam os possíveis progressos, mas estava convencido de que acharia a solução.

Capítulo 2

Isaac

Savta estava passando por um período difícil. Ajudava meu avô na lojinha onde vendiam as fotografias de meu pai, num beco estreito perto do Mercado do Carmelo, em Tel Aviv, uma travessa barulhenta onde funcionavam alguns restaurantes sujos — mau ponto para um negócio dessa natureza. A falta de movimento desanimou tanto meu pai, que ele acabou perdendo o interesse pelo negócio de fotografias.

A fuga de minha avó se fazia através dos livros. Conquanto seu hebraico ainda fosse rudimentar, tivera uma boa educação e lia romances russos sem parar. Seu outro deleite era o neto. Não me é possível descrever o amor que ela me devotava. Eu ansiava a semana inteira pelas noites de sexta-feira, quando a visitava, pelo sabá que comemorávamos juntos, pela comida que ela me dava. As fatias de pão que cortava para mim e besuntava de manteiga eram tão saborosas que eu tinha a impressão de ser aquela a comida mais deliciosa que alguém já experimentara. Ela me abraçava, segurava-me o braço, perguntava como iam as coisas, como estava me saindo na escola, o que ela poderia fazer por mim. Uma vez que eu não lhe distinguisse os traços, sabia haver um brilho de ternura em torno dela. Era o deleite mais requintado ser amado em cada olhar, cada gesto, cada pensamento.

Todas as semanas Savta me mandava a uma pequena biblioteca circulante para trocar os livros. Miriam, a senhora idosa, dona da biblioteca, tinha sempre uma pilha de livros à minha espera. Ela percebeu o amor que havia entre mim e Savta. Fazia-me sentar-me sempre em sua cadeira e conversava comigo enquanto trabalhava. Eu ouvia o sorriso em sua voz quando ela me dizia com seu forte sotaque russo:

— Sei que você deve ser um bom aluno. Aposto que é realmente inteligente.

Ela apreciava o fato de que a cegueira não constituía empecilho para mim, e gostava principalmente de ver um menino cego ir à biblioteca à procura de livros. Eu me sentia como um estafeta transportando amor entre Miriam e Savta, e isso era uma grande alegria para mim.

Miriam se interessava por saúde e, particularmente, por massagem e movimento. Ajudara recentemente um menino mais ou menos da minha idade, chamado Isaac, a superar uma grave miopia dando-lhe um livro de exercícios oculares. Contou à minha avó que Isaac estava lendo muito mais depressa e que talvez me fosse proveitoso conhecê-lo.

Quando minha avó me disse isso, não fiquei muito excitado. Eu sabia que ninguém poderia ajudar-me a ler mais depressa, sobretudo com a lente de aumento. Um dia, porém, Isaac me telefonou e nós combinamos encontrar-nos na biblioteca.

Miriam nos apresentou um ao outro. Isaac causou-me a impressão de ser um jovem confiante e inteligente, embora, na realidade, tivesse apenas dezesseis anos. Pediu-me imediatamente que tirasse os óculos de lentes grossas e escuras, e olhou para os meus olhos. Depois de afirmar categoricamente que minha vista poderia ser curada, perguntou-me com quem eu me tratava. Quando eu lhe disse, limitou-se a declarar:

— Ela não pode ajudá-lo. É muito boazinha, muito bem-intencionada e tem muita experiência; mas não sabe nada sobre como curar problema de olhos.

Fiquei chocado. Meu primeiro impulso foi sair correndo. Eu respeitava totalmente a medicina moderna e nunca, até então, pusera em dúvida os conhecimentos ou a autoridade de nenhum médico. Agora aquele garoto, mais jovem do que eu, tinha o topete de me dizer que meus olhos podiam ser curados e que a minha médica não sabia nada a respeito de curar problemas da vista! Mas à proporção que o ouvia falar, fui me convencendo de que ele estava com a razão.

Senti instintivamente que Isaac era alguém que talvez

pudesse ajudar-me. E ele logo se pôs a descrever todos os distúrbios dos meus olhos:

— Os músculos dos olhos são muito frágeis, o que explica o estrabismo, certo? Os olhos parecem astigmáticos, certo? E você já foi operado de catarata mais de uma vez, o que o deixou com um tecido cicatricial e uma membrana flutuante, certo? Certo!

— Mas isso é incrível! — exclamei.

E ele disse:

— Posso mostrar-lhe alguns exercícios que melhorarão seus olhos.

Uma semana depois nos encontramos em Tel Aviv e fomos até a loja de meu avô a fim de pedir-lhe dinheiro para o ônibus. Isaac estudou-o atentamente e, depois que tomamos o ônibus, falou-me, com minúcias, sobre os problemas cardíacos, o diabetes e a tendência para a icterícia de meu avô. Fiquei abismado com sua capacidade de conhecer tantas coisas apenas com um olhar. Mais tarde descobri que algumas pessoas têm essa faculdade — olhar para uma pessoa uma única vez e não somente localizar-lhe o problema, mas também ter a receita para ajudá-la. Tempos depois descobri que eu também possuo uma capacidade semelhante, mas, naquele tempo, a única coisa que eu poderia fazer era aceitar a noção de que isso podia ser feito.

Perguntei a Isaac se ele era algum tipo de curandeiro. Eu já lera a respeito de curandeiros que pareciam ter um toque mágico ou algum modo incrível de curar pessoas.

— Não, não sou! — respondeu ele com brusquidão —, só ajudo as pessoas a se curarem.

Isaac traçou um diagrama dos músculos dos olhos e assinalou os fracos ou os que não funcionavam. Olhei para o diagrama a uma luz muito forte, mas consegui enxergar apenas o contraste entre o papel branco e a mesa escura de madeira. Fiz menção de pegar minha lente de aumento, mas ele me deteve.

— Pare de depender tanto dos óculos — atalhou ele. — Jogue-os fora! Garanto que, daqui a um ano, você estará lendo sem óculos!

O primeiro exercício que ele me mostrou, chamado *"palming"*, era um método para relaxar os músculos e nervos dos olhos. Sentei-me a uma mesa com os cotovelos confortavelmente fincados numa almofada firme e cobri os olhos fechados com a palma das mãos, a fim de impedir que a luz chegasse a eles. Isaac me disse, em seguida, que imaginasse alguma coisa em movimento. Acrescentou que gostava de sentar-se numa sala de aula, colocar a palma das mãos sobre os olhos e visualizar alguém cavando um buraco. Achei difícil visualizar algo que eu nunca vira. Ele também me instruiu a visualizar a escuridão total, e foi-me igualmente difícil fazê-lo.

Isaac aprendera tudo isso nos livros dados por Miriam, que relatavam o trabalho pioneiro do dr. William Bates. O dr. Bates, um oftalmologista americano, trabalhara na virada do século e descobrira, através de pesquisas extensas e altamente originais, que a mente desempenha um papel importante na visão. Segundo Bates, a estafa física ou mental é a causa principal dos problemas dos olhos. Quando os olhos se relaxam, as células certas são usadas e a visão não se altera. A chave dos ensinamentos do dr. Bates é o uso correto dos olhos, isto é, seu emprego exatamente como eles trabalham quando relaxados. Por conseguinte, o oftalmologista americano desenvolveu e ensinou um sistema de exercícios para os olhos, destinados a promover-lhes o perfeito funcionamento.

A oftalmologia, depois disso, desprezou os descobrimentos do dr. Bates e seus exercícios. Creio que a principal razão do desprezo foi o tempo, a disciplina e a paciência que demanda a prática dos exercícios, e nem todo mundo está disposto a empregá-los para melhorar a visão. Mas eu daria qualquer coisa do mundo para poder ver. Eu estava pronto para fazer o que quer que Isaac me ordenasse.

Sentindo-me jubiloso depois da minha sessão com Isaac, corri para o ônibus e fui direto para casa a fim de contar à minha família tudo o que acontecera. Todos se mostraram polidos, mas completamente incapazes de compreender ou incentivar-me. Eu me sentia como se estivesse começando vida nova, e queria que todo mundo — meus amigos, minha família, meus professores — o soubesse. Mas somente Isaac e Miriam podiam entender.

Isaac e eu tornamos a encontrar-nos uma semana depois, e dessa vez ele me ensinou o *"sunning"*, outro importante exercício para os olhos criado pelo dr. Bates, que se faz olhando o sol com os olhos *fechados* e virando a cabeça suavemente de um lado para outro. Depois de fazer isso por algum tempo, Isaac me fez descansar praticando o *palming*, para depois voltar ao *sunning*. Perguntei-lhe:

— Como funcionam o *sunning* e o *palming?*
— Não vou dizer-lhe — retrucou ele. — Limite-se a fazê-lo.

Aquilo me pareceu enlouquecedor. Mesmo assim, a partir de então, passei a subir várias vezes por dia ao topo do nosso edifício de apartamentos a fim de praticar os exercícios.

Na semana seguinte, Isaac foi ao nosso apartamento. Eu me sentia ansioso, em parte por ser a primeira vez que ele ia à minha casa, mas principalmente porque naquela noite aconteceria o meu primeiro encontro com uma menina. Eu acabara de tomar banho e vestir-me quando ele chegou. E não pôde deixar de notá-lo.

— Ei — disse ele —, você está ótimo!

Isso fortaleceu minha confiança, e nós subimos ao alto do prédio para eu poder mostrar-lhe o meu *sunning*. Isaac observou por algum tempo e, logo, me disse, rudemente:

— Está bem, pare com isso! Agora sente-se e se acalme.

Fiquei surpreso, e ele explicou, em poucas palavras, que não se tratava de agitar a cabeça movendo-a para trás e para a frente, mas sim de virá-la suave e lentamente. Lembrou-me de alternar o *sunning* com períodos freqüentes de *palming*. Depois de um instante de descanso, Isaac principiou a animar-me a me relaxar e a desfrutar os exercícios, e não a ficar tenso durante sua execução. Em seguida, sentou-se em silêncio durante meia hora, enquanto eu seguia suas instruções, e, pela primeira vez na vida, conheci o que significava relaxar-me. Se bem que fosse uma sensação com a qual eu não estava familiarizado, era maravilhosa, e ajudou-me a ficar mais calmo para o encontro com a garota.

A sessão com Isaac revelou-se mais satisfatória do que a minha primeira entrevista amorosa. Ela sentiu repulsa pelos meus óculos grossos e devo tê-la aborrecido até às lágrimas com todos os meus discursos a respeito de *sunning* e *palming*. Mas foi um bálsamo para o meu amor-próprio ter tido, finalmente, um encontro de amor.

Depois que principiei a fazer exercícios todos os dias e a relaxar-me de verdade, descobri quão incrivelmente sensíveis à luz eram os meus olhos. Até com as pálpebras fechadas, eu os sentia esquivarem-se do sol, e, quando os cobria com a palma das mãos, estrelas brilhantemente coloridas enchiam a escuridão, às vezes por horas a fio. Isso perturbou-me de tal maneira que telefonei para Isaac.

— Não me aborreça com essas coisas, você está dando muita importância a isso — foi tudo o que ele achou para dizer-me.

— Está bem — respondi. — Vou procurar a resposta num livro.

— Você não a encontrará em nenhum livro — tornou ele, rindo-se. — Na realidade, é muito simples, tão simples que parece uma brincadeira! Mas terá de descobri-la por si mesmo!

E desligou o telefone. Senti-me tão frustrado que tive vontade de chorar, mas não havia nada que eu pudesse fazer. Aquele era justamente o modo de ser de Isaac.

Continuei a praticar o *sunning* e o *palming*, religiosamente, todos os dias. Eu passava praticamente todo o tempo livre no telhado. O *sunning* passou a ser mais que um simples exercício dos olhos para mim, era a minha vida.

Na sessão seguinte, Isaac me ensinou a usar o "piscamento" como exercício. O dr. Bates descobrira que o abrir e cerrar as pálpebras freqüentemente, de um modo relaxado, alivia a pressão dos olhos, prevenindo o estrabismo, mantendo os olhos úmidos e aumentando o fluxo de sangue para os globos oculares. É desse modo natural que funcionam os olhos. Quando ele me mostrou isso, compreendi quanta tensão eu tinha nos olhos.

No princípio do verão, Isaac me levou à praia a fim de praticar o *sunning*, o *palming* e o piscamento e mostrar-me diversos exercícios de estiramento para o corpo. Gostei tanto disso que, durante o resto do verão, fui à praia sempre que pude.

Em meados de junho, quando o sol estava mais alto no céu, eu gostava especialmente de praticar o *sunning* e os outros exercícios para os olhos. Depois de praticar o *sunning* por bastante tempo, eu me sentava e fazia o *palming* por horas a fio. A princípio, minhas dores de cabeça crônicas e minhas dores nos olhos pareciam estar piorando. Mas elas eram causadas pelos exercícios de relaxamento, que permitiam ao corpo sentir finalmente todos os anos de tensão acumulada. Compreendendo-o, continuei a fazer os exercícios para os olhos e os estiramentos ainda mais religiosamente, e em agosto a dor principiou a abrandar-se. Isso era alentador, e o meu entusiasmo pelos exercícios aumentou ainda mais.

Havia ocasiões em que minhas dores de cabeça eram tão fortes, que eu não podia me mover. Certa noite, em casa de minha avó, sentei-me diante da televisão e, à medida que eu forçava os olhos para ver, a cefaléia tornou-se insuportável. Meu tio Zvi, que vivia com Savta, sentou-se ao meu lado e começou a me massagear as têmporas. Era doloroso, mas ele me assegurou que a massagem poderia ajudar a dissolver a dor de cabeça. E esta, com efeito, arrefeceu. Apesar de Zvi nada saber a respeito de massagens, sabia instintivamente o que era preciso fazer.

Depois de aprender que a massagem das têmporas e do couro cabeludo aliviava cefaléias, comecei a fazê-la eu mesmo. E descobri que, depois de massagear as têmporas e aumentar a circulação dos olhos, os contornos e as formas ficavam um pouco menos imprecisos, um pouco mais distintos.

Tive minha primeira paixão naquela estação. Eu não podia ver o objeto de minhas paixões, mas imaginava-a belíssima (embora não tivesse a menor idéia do que isso significava). Se bem que minha paixão fosse uma fantasia total, uma coisa era certa: eu estava tomando consciência das garotas, do seu som, do cheiro, da forma e do toque. Eu não sabia o que significava ser bem-apessoado, mas toda gente parecia concordar em que certas garotas o são, mas eu, não.

Quando eu era criança, as outras crianças me chamavam de "macaco", o que em hebraico tem uma conotação de extrema fealdade. Eu acreditava nelas, e, hoje, quando olho para fotografias daquele tempo, constato que me parecia, de fato, com um macaco. Savta, porém, sempre me achava muito bonito, e eu acreditava mais nela do que naquelas crianças. Eu costumava esmagar o nariz no espelho e berrar: "Não sou macaco! Sou lindo!" Mas quando isso chegava a um possível relacionamento com uma menina, eu tornava a me sentir como um macaco.

Nessa ocasião, pela primeira vez passei a experimentar alguma confiança em mim mesmo e a esperar superar minha deficiência. Entretanto, à medida que a visão melhorava, eu relutava em utilizar o sentido do tato, e pus-me a abalroar de novo muros e pessoas, a cair de escadas e a tropeçar no meio-fio e estatelar-me na rua.

Somente Miriam parecia compreender os problemas dessa transição, e animou-me a usar mais e melhor o tato. Ensinou-me também algumas massagens básicas. Nunca me contou muita coisa a respeito de si mesma e de seu treinamento, mas fiquei sabendo de umas poucas histórias. Desde os sete anos de idade tivera inúmeras enfermidades e descobrira que o movimento era de grande auxílio para superá-las. Tinha os pés muito chatos e com dois dedos paralisados, e um famoso ortopedista prescreveu-lhe uma bota pesada, dizendo-lhe que sua condição se degeneraria progressivamente. Absolutamente convencida de que o diagnóstico dele estava errado, lamentou a sorte de todas as pessoas que ele estaria "ajudando". Em vez de seguir sua prescrição, foi para casa e começou a fazer exercícios na banheira, movendo os dedos dos pés em círculos dentro da água. Caminhava todos os dias e participava de longas excursões uma vez por semana, e assim conseguiu vencer a paralisia.

Os batimentos cardíacos de Miriam eram cronicamente rápidos e irregulares. Um professor de educação dos movimentos mostrou-lhe como mover várias partes do corpo enquanto ele lhe massageava o peito em torno do coração, e isso não somente lhe regulou as pulsações, como também lhe ensinou as sutis conexões entre as diferentes partes do corpo.

Depois de dar à luz o primeiro filho, Miriam sofreu um

prolapso do útero, mas disse à médica que em dois meses o teria de volta à normalidade. Com efeito, bastou-lhe um mês de exercícios pélvicos intensivos para devolver o útero ao lugar habitual.

Miriam deixava claro que sua profunda compreensão do corpo se baseava mais na intuição e na experiência do que no conhecimento anatômico. Respeitava a medicina, mas punha freqüentemente em dúvida o modo com que os médicos empregavam a ciência. Tinha um sentido intuitivo muito forte de movimento, e gostava de fazer experiências com ele, explorando todas as maneiras de movimentar o corpo. E gostava de partilhar seus conhecimentos.

Eu andara esfregando minhas têmporas, mas, se Miriam não me chamasse a atenção para isso, eu nunca pensaria em massagear as sobrancelhas, as pálpebras, os cílios e todos os ossos, músculos e pele que cercam os olhos. Enquanto eu me livrava, através de massagens, das dores de cabeça, elas eram substituídas por uma sensação de ardência nos olhos, que estavam começando a sentir a fadiga acumulada em anos de estrabismo e olhares fixos. O esforço que eu empregava para ver me impedia de piscar o suficiente. Isaac me explicou a importância do piscamento para o descanso, a massagem e o umedecimento dos olhos.

Iniciei a décima primeira série com um sentimento confiante e relaxado em relação ao futuro. Os horizontes que imaginara ao entrar na escola secundária se embaciavam, em comparação com o que visionava agora. Seis meses antes Isaac me prometera que, dentro de um ano, eu estaria enxergando bem, e eu estava resolvido a realizar sua previsão.

Depois de meses de prática fanática do *sunning*, do *palming* e do piscamento, Isaac me ensinou o *"shifting"*, exercício para melhorar a acuidade visual e, no meu caso, para controlar o meu ainda horrendo nistagmo. O nistagmo é um tremor involuntário dos olhos que pode prejudicar seriamente a visão. O *shifting* ajudou-me a aprender a focalizar objetos específicos e apresentou-me a "visão consciente", ou seja, a visão tanto com a mente quanto com os olhos. Visto que, com ou sem óculos, eu só conseguia enxergar um grande borrão, Isaac me instruiu a procurar os pormenores. Por exemplo, disse ele, quando eu olhasse para os prédios, deveria tentar descobrir a posição das janelas. Com isso ele queria dizer que, ao olhar, presumindo que o prédio tivesse janelas, eu devia tentar localizá-las. Havia uma construção alta pela qual eu passava a caminho da praia, não longe do lugar em que eu morava. Plantei-me ali todos os dias, por várias semanas, buscando relaxar os olhos para que o nistagmo se desacelerasse e as imagens aparecessem. Imaginei como seriam as janelas e tentei encontrá-las nos lugares em que supunha que estivessem. E, finalmente, numa sexta-feira à noite, eu as *vi*. Telefonei para Isaac anunciando o meu triunfo, mas ele não se impressionou. E disse-me:

— Procure agora os aparelhos de ar condicionado. Eles ficam nas partes inferiores das janelas.

Está claro que eu nunca tinha visto um condicionador de ar, e não podia imaginar como seria um deles. Mas pratiquei o *shifting* por horas a fio, todos os dias, e, passada apenas uma semana, pude distinguir o que, para mim, deviam ser os tais aparelhos de ar condicionado.

Dessa maneira, aos poucos, comecei a educar os olhos para ver. Até então eu vira o mundo como simples unidade borrada. Agora estava aprendendo a divisar essa entidade em pormenores. Desenvolvendo o hábito de procurar coisas específicas onde elas deveriam estar, ativei gradativamente os olhos e o cérebro para o processo de ver. Durante dezesseis anos, eu aprendera a não olhar, a não ver, a não tentar encontrar coisa alguma. Outra pessoa qualquer sempre encontraria as coisas para mim. Ninguém, nem mesmo eu, acreditou que um dia eu viesse a enxergar. Mas agora meus olhos estavam cheios de janelas e condicionadores de ar, e meu cérebro começava a funcionar de maneira diferente.

Depois de seis meses de exercícios para os olhos, eu já não precisava da lente cilíndrica de aumento, mas apenas de um par de óculos. Minha optometrista, pasmada, teve de cortar a receita pela metade. Sem óculos, eu via formas, o claro e o escuro e um ligeiro movimento. Com óculos, eu via janelas e condicionadores de ar, as meninas da minha classe e até meu rosto no espelho. Podia distinguir o contraste entre a cor dos cabelos e a da pele; e podia ver o nariz, os lábios, as orelhas e até uma espinha no queixo!

Seis meses antes eu não enxergava sequer o rosto, e, agora, quando olhava com bastante atenção, via até os olhos.

Foi difícil para a família aceitar meu progresso. Eu sabia que minha visão estava melhorando, mas meus familiares ainda me consideravam cego, especialmente por ser meu "médico" um adolescente, e minha terapia alguns "movimentos sem sentido". Os meus parentes tentaram convencer-me a interromper os exercícios para os olhos. Esse enfoque heterodoxo parecia ameaçar tudo aquilo em que eles acreditavam. Os exercícios e o que eu estava tentando realizar não tinham o menor interesse para eles. Assim como os professores de braile esperavam que eu aceitasse meu destino e aprendesse a conviver com ele, também minha família receava que minhas expectativas fossem demasiado otimistas e que eu, mais tarde, viesse a sofrer uma grande decepção.

Meu avô era especialmente duro comigo. Ele gostava de ficar doente para se transformar no centro de atenções. Tinha todos os sintomas descritos no livro, posto que as causas fossem vagas. Chamava-lhes "ataques". O tratamento de inválido que me dispensava parecia fazê-lo sentir-se melhor. Aconselhava-me a não carregar pacotes pesados, a não disputar jogos violentos, a não brigar, a não fazer praticamente nada que pudesse oferecer o menor perigo. Quando eu não encontrava alguma coisa, comprazia-se em localizá-la e quão fácil lhe fora encontrá-la.

— Você continua cego como sempre — escarnecia ele. — Seus exercícios não lhe estão fazendo nenhum bem!

Meu avô odiava o fato de eu estar voltando as costas para os médicos "de verdade".

— Esse Isaac é mais moço do que você — zombava ele. — Você está querendo convencer-me de que um pirralho de dezesseis anos, que abandonou a escola, pode curar-lhe a cegueira?

Eu esperara que meu tio-avô Moshe fosse mais compreensivo. Ele fizera um esforço ingente para ajudar-me na leitura, e sempre lutara pelo reconhecimento de suas próprias idéias não-convencionais. Mas também ele não foi capaz de compreender que um garoto de dezesseis anos pudesse ser-me de alguma valia, e tampouco pôde oferecer-me muito apoio. Tio Moshe contraíra câncer na garganta aos oitenta anos. Eu o visitava regularmente no hospital. Um dia, ao entrar em seu quarto, encontrei-o dormindo. Sentei-me em silêncio e pus-me a observá-lo com minha visão limitada. Dir-se-ia que um sorriso se formava em seu rosto, e a mim me pareceu que sua respiração era profunda e regular. Nesse momento pude ver meu tio como que banhado em luz. Pude distinguir-lhe os olhos cerrados, o restolho cinzento da barba, até o suave movimento do abdômen quando respirava. Devo ter-me quedado ali sentado por meia hora, e a minha visão foi se tornando cada vez mais brilhante. Vi um velho próximo da morte capaz de sonhar, satisfeito com a própria vida. Depois, principiou a despertar para a realidade do quarto de hospital e para a dor. O sorriso desertou-lhe o rosto e, para mim, voltou a ser difícil vê-lo. Conversamos tranqüilamente por algum tempo, e logo depois saí do quarto.

No dia seguinte, Isaac, perturbado com alguma coisa, precisou falar comigo. Isso era raro, de modo que fiquei em casa a fim de ouvir o que ele tinha para dizer-me e não fui ver meu tio. No outro dia, ao visitar Moshe, encontrei-o também transtornado, e ele se pôs a atenazar-me.

— A troco de que esse Isaac o estaria ajudando de graça? Deve ser algum homossexual à procura de um amante.

Não pude acreditar que ele tivesse dito isso. Eu estava tão perturbado que voltei para casa correndo e atirei-me na cama, aos soluços. Ninguém conseguia ver Isaac como ele realmente era. Minha mãe entrou no quarto e alisou-me os cabelos, acalmando-me. Foi a primeira a ver o progresso registrado pelos meus olhos e, conquanto não tivesse confiado em Isaac no princípio, sempre o julgou um bom menino. O apoio de minha mãe naquela ocasião foi crucial. Era quase insuportável tentar convencer o resto da família de que o trabalho realizado nos meus olhos tinha valor.

Continuei a visitar tio Moshe no hospital e sabia que ele estava morrendo. Ficávamos sentados juntos horas a fio, conversando sobre suas idéias, e as minhas. Nunca se queixava da dor, e isso era para mim uma fonte de inspiração.

Sua força e resistência espirituais mantinham-no arredado da dor e dos sórdidos aspectos da morte. Ele dava a impressão de estar vivendo em outro reino da consciência.

Chegaram, afinal, os terríveis últimos dias. Certa manhã, tia Esther telefonou-me para dizer que tio Moshe falecera. Não me foi possível dizer nada, mas, após o enterro, apesar do sofrimento, senti uma grande paz. Enquanto toda gente chorava, eu tinha vontade de sorrir. Sabia que meu tio, na realidade, não morrera — apenas seu corpo deixara de funcionar. Senti que era esse um segredo maravilhoso que eu não poderia compartir com ninguém. Sua vigorosa afirmação de vida ainda está comigo, e até hoje sou capaz de vê-lo dormindo no hospital com aquele sorriso tranqüilo e radiante.

Pouco depois, a pedido de minha oftalmologista, fui a Jerusalém testar meus olhos outra vez. Durante a estada nessa cidade, visitei meu tio Sadi, engenheiro prestigiado, e seu irmão mais moço, tio Zvi, que também estava ali de visita. No jantar, minha tia Nayima, esposa de Sadi, interrogou-me a respeito de Isaac. Expliquei como Isaac se sustentava e muitas outras coisas a seu respeito. As perguntas foram se tornando cada vez mais hostis, até que a namorada do tio Zvi acudiu em minha defesa.

— O que vocês todos querem de Meir, afinal? Por que são todos tão contrários ao que ele está fazendo? Pois eu acho isso formidável. Se não querem encorajá-lo, tudo bem; mas por que não o deixam em paz?

Isso provocou um enorme rebuliço familiar. Mandaram-na calar a boca e me chamaram de idiota e otário. Eu estava arrasado. Que maneira de falar com um jovem que procurava, com tanto zelo, um novo modo de vida!

Tio Sadi pronunciou a última palavra:

— Ouça, garoto, eu troquei suas fraldas e limpei sua bunda, por isso, ouça o que vou lhe dizer!

Em seguida, traçou o que supunha ser um desenho do olho e explicou que, no meu caso, estavam faltando as pupilas e, por isso, eu nunca seria capaz de enxergar normalmente. Ele não tinha a menor idéia de que a pupila é simplesmente um espaço vazio no meio do olho. Meus olhos, naquela época, eram tão sensíveis à luz que as pupilas se mantinham sempre contraídas, formando um ponto do tamanho de uma cabeça de alfinete. Mas meu tio simplesmente *sabia* que havia alguma coisa irreversivelmente errada em meus olhos e que eu devia abandonar toda a esperança de ainda enxergar normalmente.

Esse foi um período infeliz da minha vida. Feliz e coincidentemente Isaac estava em Jerusalém nessa ocasião e levou-me ao hospital para o exame. Sabia que eu estava perturbado, pois o nistagmo, que melhorara, voltara a piorar. O nistagmo reage imediatamente ao estresse. Assim, o teste não foi bom, e a optometrista receitou lentes apenas um pouco mais fracas. Quando falei a meu tio sobre esse progresso, ele disse:

— Só isso? Bem, você ainda é legalmente cego.

Assim que regressei de Jerusalém, fui visitar meus avós. Encontrei meu avô de cama, com um de seus "ataques". As mãos e os pés estavam frios como gelo. Eu andara praticando em mim mesmo algumas técnicas de massagem de Miriam, de modo que peguei na mão direita dele e pus-me a massageá-la levemente, movimentando todas as juntas para aliviar-lhes o endurecimento. Senti alguma coisa como grânulos minúsculos sob a pele das palmas e dos dedos, de modo que os massageei até que os grânulos desapareceram. Pouco a pouco a cor voltou-lhe à pele — e pude vê-lo! —, e ele começou a sentir calor nas mãos e nos pés, ainda que eu tivesse trabalhado apenas uma das mãos.

— O que você é? Alguma espécie de mágico? — perguntou ele, rindo-se, nervoso.

— Mas você não está vendo como se sente melhor? — acudiu Savta.

— De fato, estou melhor. Mas ele age como se fosse mágico.

Em nossa sessão seguinte, poucas semanas depois, Isaac fitou atentamente os meus olhos e disse:

— Creio que você não precisará mais do cilindro.

Em seguida, meus olhos foram testados por uma médica, e ela confirmou que eu já não precisaria usá-lo, dizendo:
— Isso é impossível. Nenhum astigmatismo é reversível.

Na verdade, porém, eu conseguia ler melhor sem o cilindro, de modo que ela reduziu a prescrição e declarou que, depois da redução seguinte, eu já não seria legalmente cego.

Isaac disse que eu devia ler apenas com os óculos novos. Foi difícil adaptar-me a ler sem o cilindro. A princípio, eu levava quatro horas para ler uma só página. Precisava de uma luz muito forte, e mesmo assim às vezes pulava algumas letras e até palavras inteiras. Minha mente punha-se a vagabundear. Era penoso concentrar-me durante todo esse tempo, e a concentração representava um esforço monstruoso para o resto do corpo. De uma feita, fiz tamanho esforço para ler uma única página que, de repente, vomitei.

— Isso leva muito tempo — queixei-me a Isaac.
— Nesse caso, use as horas de folga — disse ele, dando de ombros.

Isaac observou-me a leitura.
— Você está pulando palavras.

Em seguida, mostrou-me um exercício para ajudar-me a mudar a posição dos olhos e a mover o foco de um ponto para outro, de modo que não perdesse nenhum detalhe. Explicou que esse tipo de mudança de foco nos permite utilizar a mácula, a parte do olho que vê com maior clareza, mas que só pode ser usada num pequeno detalhe de cada vez. Aprendendo a focalizar minúcias e a desenvolver o hábito de ver cada detalhe clara e separadamente, eu podia fazer uso da mácula, e minha visão foi melhorando aos poucos.

Um dia, eu estava jogando futebol na escola e um pouco de poeira entrou-me nos olhos. Era uma sensação extremamente irritante, e fui procurar a enfermeira da escola para lavá-los. Mas ela apenas me administrou um colírio e sugeriu que eu continuasse a usá-lo em casa. Vários dias depois, meus olhos começaram a arder tanto que tive de ficar em casa, sem poder ir à escola. O *sunning* não me ajudou; na verdade, agravou a situação. Fechei-me num quarto completamente escuro, deitei-me e pratiquei o *palming*, com uma toalha sobre o rosto e as mãos, enquanto ouvia *rock and roll*. A música me fazia companhia, e o *palming* e o escuro me ajudaram a relaxar os olhos e a levar-lhes um pouco de umidade. Eu tinha a certeza de estar fazendo exatamente a coisa certa. Depois comecei a piscar, mais depressa do que nunca. A princípio, meus olhos ficaram mais úmidos graças ao descanso e ao *palming,* mas logo tornaram a secar. Alguma coisa me fez continuar a piscar por longo tempo, provavelmente por mais de uma hora. Finalmente, a secura pruriginosa se foi, e meus olhos começaram a chorar copiosamente, expelindo assim a poeira e o colírio.

Continuei a piscar, cobrindo os olhos delicadamente com a palma das mãos, e as lágrimas continuaram a correr, como se eu estivesse chorando. Era espantoso. Pratiquei o *palming* por mais duas horas e, a seguir, tentei novamente o *sunning*. Dessa vez o sol não me perturbou, e meus olhos já não ardiam. A partir de então, eles se mostraram consideravelmente menos sensíveis à luz e mais capazes de proteger-se da poeira e das condições atmosféricas. O *sunning* provavelmente ajudou um pouco, mas acredito que foi o piscamento rápido e o *palming* num quarto escuro, durante várias horas, que produziram esses resultados notáveis. Isaac me dissera que eu não piscava suficientemente, e, desde então, comecei a piscar muito, tanto que as pessoas ficavam olhando para mim, talvez espantadas. O fato de ser capaz de reconhecer as necessidades do corpo e responder a elas indicava claramente quanto meus olhos haviam melhorado.

Capítulo 3

Miriam

Num domingo à noite, Miriam me convidou para ir à sua casa tomar chá. Enquanto saboreávamos o chá e o bolo de chocolate, falei-lhe da predição de Isaac, segundo a qual eu seria capaz de ver perfeitamente dentro de um ano. Ela respondeu:

— Mesmo que isso não aconteça, mesmo que você ainda tenha de usar óculos, será bem melhor estar usando os olhos corretamente do que usá-los de maneira errada, ter olhos que se tornam mais vivos com o movimento e não apenas olhos que olham fixamente.

Ela perguntou-me acerca dos exercícios que eu fazia, e, logo indagou:

— Você trabalha com o resto do corpo também?
— Às vezes — respondi.
— Os músculos da barriga da perna estão ligados à visão. Você sabe disso, não?

Embora minhas próprias panturrilhas fossem finas e os tornozelos e pés, tensos e contraídos, fiquei abismado quando ela ligou esses músculos à visão.

À medida que prosseguia as explicações, Miriam foi se arrebatando. Durante cinqüenta e seis anos fizera exercícios, sempre tentando ajudar o corpo a sentir-se melhor. Todos os dias descobria alguma coisa nova. Seu entusiasmo era contagioso, e reconheci de pronto que eu também queria tentar a terapia do movimento de que ela me falava.

— Por que precisamos de movimento — perguntei —, e qual é a maneira correta de nos movimentarmos?
— Precisamos de movimento porque nele se resume a vida — retrucou ela. — Não existe pessoa completamente

doente, como tampouco existe pessoa totalmente saudável. Existem apenas pessoas que se movimentam mais e outras que se movimentam menos. O movimento no corpo humano é contínuo. Quando ele pára, paramos de viver. Ou existe restrição ou liberdade de movimento, e podemos escolher qualquer uma das duas alternativas. Os movimentos circulares são benéficos porque a estrutura básica da célula é circular e nossos músculos desejam mover-se dessa maneira.

Miriam prosseguiu, e seu sotaque russo se adensava à proporção que ela se animava cada vez mais.

— O corpo humano possui seiscentos músculos, mas a pessoa média em geral não usa mais do que cinqüenta. O nosso potencial é enorme! Poderíamos usar um número bem maior de músculos!

Eu estava fascinado. Nunca pensara nisso.

Miriam começou a mostrar-me alguns exercícios. Ficamos de pé e movimentamos os tornozelos para cima e para baixo, mantendo os dedos dos pés no chão. Depois mantivemos os calcanhares no chão e movimentamos os dedos dos pés para cima e para baixo. Ficamos de quatro e imprimimos aos ombros um movimento circular. Apoiamo-nos com as mãos na parede, conservando os ombros retos, e transferimos a pressão de um pulso para o outro a fim de esticar os ombros. Por fim, giramos a cabeça. Depois disso, senti as costas bem mais retas e a cabeça, mais alta. Após terminarmos o chá e conversarmos por mais de uma hora, Miriam disse:

— Meir, espero que você esteja me ensinando em menos de dois meses.

Fui para casa e, ainda que estivesse tão excitado que não pudesse fazer os exercícios naquela noite, na noite seguinte e em todas as outras depois dessa permanecia vinte minutos antes de ir para a cama esticando o pescoço e girando a cabeça. Descobri que, se eu praticasse o estiramento antes de ler, as palavras apareciam mais claras na página. Pratiquei também os exercícios de ombro que Miriam me ensinara, e meus ombros ficaram mais relaxados e mais fortes.

Todos os dias depois da aula, eu fechava a porta do quarto e me exercitava por uma hora — primeiro fazendo exercícios de estiramento que Isaac me ensinara e depois os exercícios recomendados por Miriam. Também corria sem sair do lugar, levantando bem os joelhos e deixando-os cair pesadamente, a fim de aliviar a tensão dos músculos dos pés. Passado um mês, os músculos das coxas tinham ficado notavelmente mais fortes, e novos músculos principiaram a aparecer nas panturrilhas.

Quando Miriam me viu, a mudança na minha postura era óbvia, e quando lhe mostrei alguns dos novos exercícios que eu descobrira, ela disse:

— Eu sabia que você acabaria me ensinando.

Dessa vez, Miriam fez-me ver a importância da respiração.

— Você precisa respirar sempre pelo nariz, como na ioga. A respiração deve ser profunda e confortável, sempre dirigida para o abdômen.

Sugeriu que eu fosse à praia e fizesse os exercícios para os olhos, de pé, na água rasa; o movimento das ondas estimularia os músculos dos pés e das panturrilhas. Um mundo novo abria-se para mim. No fim da sessão senti estar recebendo uma dádiva preciosa de valiosos conhecimentos sobre o corpo.

Esses movimentos "anticalistênicos" não eram apenas exercícios, pois refletiam uma atitude extraordinária no tocante ao corpo. Os movimentos rotativos envolvem mais músculos, e de um modo mais equilibrado, do que os verticais ou horizontais. Miriam sempre tentava ativar o maior número possível de músculos. Compreendia intuitivamente que muitos problemas físicos, que se devem à falta de movimento, podem ser resolvidos pela aprendizagem dos movimentos apropriados. Enfatizava particularmente a importância da respiração correta. Acreditava que a ausência de oxigênio conduz à doença.

Com a orientação de Miriam, comecei a dedicar-me plenamente à prática e ao estudo do movimento, da respiração, da coordenação e dos ritmos suaves do corpo. Sempre que podia, no verão ou no inverno, ia à praia e ficava de pé na água rasa, com as ondas a banhar-me os pés, erguendo um pé de cada vez e movimentando a cabeça de um lado para o outro. Era pura beatitude.

Certa vez, eu me achava de pé na água, de olhos fechados, quando um velho, que estava ali por perto, gritou:
— O que você está fazendo?
Tomado de surpresa, senti-me perplexo e embaraçado, mas respondi:
— Exercícios para os olhos.
— Exercícios para os olhos — repetiu ele. E desfechou:
— Posso mostrar-lhe exercícios de ioga bem melhores. Venha.

Eu estava a pique de responder que não havia nada melhor para os meus olhos do que o que eu estava fazendo, mas ele já ia a vinte metros de distância, de modo que o segui até a praia a fim de ver o que ele prometera mostrar-me.

Sobre o rosto do velho, pardo e engelhado, os poucos cabelos que possuía eram brancos. O corpo, porém, parecia muito forte — muitos anos mais jovem do que o rosto.

— Meu nome é Shlomo — disse ele. E mostrou-me um exercício que me agradou imediatamente.

Era muito suave. Com a mão esquerda eu segurava a parte posterior da cabeça e movia-a de um lado para outro, enquanto a mão direita pressionava com firmeza a testa. O exercício relaxou-me o pescoço e massageou-me a testa ao mesmo tempo, o que foi muito estimulante para os olhos. Logo depois desse único exercício, Shlomo desculpou-se, mas disse-me que o procurasse, pois ia à praia todos os dias.

No dia seguinte, encontrei-o dirigindo os exercícios de um grupo de homens e mulheres mais idosos. Quando alguém tinha um problema, corrigia-o. Seus estiramentos de ioga me pareceram inusitados a princípio, mas acabei descobrindo que eram realmente simples e refletiam sua clara percepção do corpo. Eu estava fraco e meu corpo, duro, e achei-os difíceis de executar, mas pude perceber-lhes o significado e fui-me juntando aos poucos ao grupo.

Naquela tarde encontrei Miriam e perguntei-lhe o que pensava da ioga.

— Excelente — replicou ela —, se você não a executar mecânica nem passivamente. Se conseguir executá-la ativamente e com consciência, é maravilhosa.

Na manhã seguinte, Shlomo me disse:

— Você sabe que não há nisso nenhum truque, nenhum segredo, nem mesmo nenhum esforço muito grande. É simplesmente uma questão de movimentar cada parte do corpo, desde a ponta dos dedos dos pés até o alto da cabeça.

Era exatamente o que Miriam dissera!

Shlomo mostrou-me alguns exercícios que se lhe afiguraram adequados ao seu corpo. Disse que tinha as costas um pouco rígidas, e que mal podia incliná-las antes de começar a fazer os exercícios. Sempre tivera tendência para sentir dores, pois os discos da espinha se haviam deteriorado devido ao trabalho físico duro que fora obrigado a fazer como prisioneiro israelense. Agora, porém, era como se tivesse a força e a flexibilidade de um homem de trinta anos, capaz de movimentar cada vértebra separadamente quando se inclinava.

Shlomo mostrou-se satisfeito com o meu interesse pelo seu trabalho e ensinou-me muitos exercícios. Moveu os braços em círculos, primeiro o braço direito e, a seguir, apenas o antebraço. Segurava as mãos com um dos braços atrás da cabeça e o outro atrás das costas. Enquanto prendia as mãos uma na outra, inclinava a parte superior do corpo para a frente e fazia girar a espinha. Em seguida, deitava-se de lado e, encostando a cabeça na mão, no que chamava "posição do filósofo", encostava um joelho na testa e, dobrando a mesma perna para trás, tocava a parte posterior da cabeça com o pé. Deitado de costas, erguia um dos joelhos até o peito e, a seguir, erguia a cabeça com a mão para tocar o joelho com a testa.

Sua flexibilidade era impressionante! Contou-me que fazia muitos outros exercícios todos os dias e que precisamos executar um exercício vinte ou mais vezes consecutivamente para que ele ative, de fato, as juntas e os músculos.

Shlomo e eu passamos juntos a maior parte do verão, fazendo estiramento e ioga. Um dia, levou-me a uma aula em Tel Aviv dada por Moshe Feldenkrais, pioneiro no campo do movimento terapêutico. Aprendi algumas coisas sumamente proveitosas. Como Miriam, Feldenkrais reconhecia que cada movimento deve levar em conta o corpo todo, e que o movimento mais eficaz não é forçado, mas suave.

Shlomo deu uma grande contribuição ao fundamento de minhas idéias sobre exercício e trabalho com o corpo. Eu tinha dezessete anos e ele, setenta e sete, e aprendi muito com ele. Sua flexibilidade e seu sentido inato do movimento me causaram profunda impressão.

Maravilhoso verão, que constituiu o clímax do ano mais importante da minha vida! Primeiro, Isaac me ensinou os exercícios para os olhos e predisse que eu enxergaria sem óculos. Depois Miriam me ensinou o movimento suave e a respiração. E agora Shlomo me mostrava estiramentos para soltar e fortalecer ainda mais o corpo. Constatei que eu estava numa encruzilhada.

Capítulo 4

Danny

Num dia de outono, no meu último ano de escola secundária, enquanto praticava exercícios de *sunning* depois do almoço, um colega de classe aproximou-se de mim e perguntou-me o que eu estava fazendo. David fora um dos poucos alunos que demonstraram interesse pelo meu trabalho, e sempre fora amável comigo. Algumas vezes chegara a pedir-me conselhos sobre problemas de saúde.

David me contou que sua namorada, Adina, a menina mais bonita da classe, tinha dores de cabeça tão fortes que mal conseguia dormir e era acometida de freqüentes pesadelos e temores irracionais. Recomendei-lhe que falasse com Isaac e servi de intermediário para marcar um encontro entre eles. David e Adina foram à minha casa para participar de uma sessão com Isaac. Terminada a sessão, que foi muito bem sucedida, Adina me disse:

— Obrigada por me ajudar, Meir.

E eu disse:

— O único agradecimento que desejo de você é que se trate.

Eu me sentia realmente feliz por poder ajudar, ainda que apenas indiretamente.

Mas, poucos dias depois, Isaac desapareceu, e seu desaparecimento durou meses. Mesmo nas melhores ocasiões, ele só era acessível quando lhe dava na telha, mas, agora, estava nos abandonando totalmente, a Adina e a mim. Durante esse tempo senti que necessitava de orientação. Entretanto, Isaac não estava por perto, ou, se estava, não atendia ao telefone quando eu o procurava. A despeito da minha preocupação e dos sentimentos feridos, sua influência e seu exemplo continuavam vigorosos. E eu ainda podia senti-lo guiando meus esforços.

Às vezes, eu ia até a Rua Allenby, onde se localizavam as barracas de *felafel*[1], e comia um desses pães. Isso me lembrava Isaac, que adorava *felafel*. Ao longo de um dos lados da rua havia uma fileira de barracas, cada qual dirigida por uma família, que o fazia de acordo com receitas secretas, muito bem guardadas, misturando farinha de grão-de-bico com especiarias, azeite e outros ingredientes, tudo em forma de bolinhos, que eram fritos. O *felafel* servia então de recheio para um pão de pita, com legumes e manteiga de gergelim; podia-se levá-lo para casa ou comê-lo ali mesmo, em mesinhas apropriadas. Havia sempre longas filas diante de cada barraca. Eu não tinha nenhuma predileção especial por essa iguaria, que, de um modo ou de outro, me fazia sentir ligado a Isaac.

Lembravam-me as longas horas que costumávamos passar ali, geralmente acompanhados de alguma garota que ele trazia, falando de toda sorte de coisas. Conquanto isso não dominasse a conversação, eu tinha a impressão de estarmos sempre falando dos meus olhos ou de saúde em geral, os assuntos que mais me interessavam, naturalmente. Eu bebia tudo o que ele dizia com uma sede tremenda e lutava para ler-lhe a expressão, a fim de apreender o significado por trás das palavras. As coisas que ele dizia, de grande importância para mim, me influenciavam muito. Lembro-me de ouvi-lo:

— Toda doença é curável. Os seus problemas de vista, Meir, podem ser curados definitivamente, apesar de todas as cirurgias e dos óculos grossos que você tem usado a vida toda. Seus olhos logo estarão curados, e você enxergará perfeitamente.

Fiquei muito preocupado com o tratamento dispensado por Isaac a Adina, pois achava que ele deveria ter continuado a vê-la, pelo menos até que ela revelasse algum progresso. Um dia, fui à biblioteca de Miriam, e Adina estava lá. Ela pareceu contente por ver-me. Seu estado, aparentemente, parecia estar se agravando, e ela sentia muita

---

[1] *A palavra "felafel" provém do termo árabe "falafil" e indica um pão chato, enrolado e recheado de legumes temperados. (N. do T.)*

dor. Miriam ouviu a nossa conversa e ofereceu-se para mostrar alguns exercícios. Antes de fazê-lo, porém, disse:

— Por que Meir não lhe mostra os exercícios que conhece?

Adina ficou imediatamente interessada, mas eu hesitei. Por fim, deixei-me persuadir a ir à casa dela na semana seguinte. Depois que ela saiu, Miriam me disse:

— Não farei mais exercícios com você se não trabalhar com Adina.

Todos os dias daquela semana fui à biblioteca de Miriam a fim de aprender alguns exercícios que pudessem ajudar a minorar as dores de cabeça de Adina. Em seguida, ia para casa e testava-os. Finalmente, fui à casa dela e ensinei-lhe diversos exercícios, que, a meu ver, seriam especialmente benéficos para ela. Adina pôs-se a praticá-los com perseverança, e eu voltava uma vez por semana para trabalhar com ela. Depois de um único mês de exercícios, suas dores de cabeça haviam diminuído consideravelmente.

Durante minhas sessões com Adina fiquei sabendo que ela estava tomando medicamentos antidepressivos receitados por um psiquiatra. Confessei recear que as drogas lhe pudessem fazer mal e que, na minha opinião, devia parar de tomá-las. Quando ela contou isso aos pais, eles ficaram furiosos comigo.

Miriam tinha o maior respeito pela opinião dos pais e não seria capaz de fazer coisa alguma que lhes desagradasse. No dia que se seguiu a esse incidente, Miriam anunciou, de repente, que não estaria mais à nossa disposição para ajudar-nos, a Adina ou a mim. E acrescentou que havia duas razões para isso.

— Primeira, já estou trabalhando demais. Mas não posso dizer qual é a segunda. Você terá de imaginá-la por si mesmo.

Primeiro, sem Isaac e, agora, sem Miriam. Eu estava estupefato! Que poderia dizer a Adina? Ela havia começado a fazer os exercícios com entusiasmo e confiava totalmente em Miriam e em mim. Encontrei-me com Adina na escola no dia seguinte e tentei inventar qualquer coisa, mas a verdade transpareceu. Adina ficou chocada e quase sem fala.

— Mas Miriam prometeu!

Adina não me saiu da cabeça o dia inteiro. Enquanto eu fazia os exercícios em casa à tarde, concentrei-me na tensão de sua cabeça e de seus ombros e comecei a sentir como se o corpo dela se transportasse para o meu, experimentando-lhe a tensão interior. Encostei o rosto no chão, levantei a parte superior do corpo e girei a cabeça e os ombros. Esse exercício liberou muita tensão e deixou a área mais relaxada e mais forte. O exercício era novo para mim, e eu estava convencido de que seria bom para Adina. Passei o resto da tarde procurando outros exercícios.

Mostrei-os a ela no dia seguinte com um pedido de desculpas:

— Não sou muito bom nessas coisas.

— Não diga isso — protestou ela. — Acho que você é tão bom quanto Isaac e Miriam. Até melhor, pois ainda está aqui. Você tem talento, Meir, e confio em você.

Adina foi a minha primeira aluna, e essas palavras representaram um grande estímulo para mim.

Nos meses seguintes, as dores de cabeça e a insônia de Adina desapareceram completamente. Experimentei uma tremenda sensação de triunfo. Adina me ajudara a acreditar em mim mesmo. Reafirmou o que eu sentia dentro de mim, e isso era profundamente satisfatório.

Um dia, quatro meses após tê-lo visto pela última vez, topei inesperadamente com Isaac. Na realidade, eu não o vi ao passarmos um pelo outro na calçada. Mas ele me viu. Deu-me um tapinha nas costas e disse:

— Continua não querendo falar comigo, é?

Como se *eu o* tivesse abandonado. Mas fiquei tão contente ao ouvir-lhe a voz que não me foi possível continuar zangado com ele.

Conversamos enquanto seu ônibus não vinha, e ele me disse:

— Sabe, Meir, acho que meu trabalho com você foi importante, não apenas pelo que fará por você, mas porque sei que ajudará outras pessoas. Seu instinto é muito bom e seu sentido do tato já está mais desenvolvido que o de algumas pessoas com vinte anos de experiência. Espero que se torne um grande mestre.

Voltei para casa muito orgulhoso. Esse rápido encontro mudou minha vida. Eu sonhara ser diplomata, talvez ministro das Relações Exteriores. Mas quando Isaac falou em cura, percebi que ele estava certo. Sua confiança despertou em mim uma consciência que estivera adormecida, a de que o trabalho que eu estava fazendo poderia vir a ser o trabalho da minha vida.

Na mesma semana em que Miriam tornou-me independente dela, parou também de trabalhar com minha amiga Nayima, vítima de pólio, que já sofrera treze cirurgias nas pernas. Miriam conhecera-a quando ela estava prestes a submeter-se à décima quarta cirurgia e a convencera a experimentar exercícios em vez de operar-se. Apresentara-me Nayima, de modo que pudéssemos nos incentivar e aprender um com outro. Se bem que nossos problemas fossem diferentes, sentíamo-nos unidos por um laço forte, trabalhando juntos com incapacidades "incuráveis". Tínhamos de vencer nossas atitudes negativas e, a seguir, os próprios problemas. Precisávamos decidir que não seríamos aleijados.

Nayima sentia dores excruciantes nas pernas. As operações haviam causado muitos danos. Por sugestão de Miriam, Nayima trabalhava sozinha duas horas por dia e, às vezes, prosseguia fazendo exercícios por mais três ou quatro horas. Fazia aqueles ensinados por Miriam, bem como alguns que encontrava em livros e outros criados por ela mesma. Nayima desejava tornar-se fisioterapeuta, mas os pais, achando a profissão inadequada a uma mulher judia ortodoxa decente, queriam que ela se casasse e constituísse família. Essa oposição estava lhe causando uma grande frustração, e eu ouvia suas queixas e a apoiava.

Apesar da dor, ela gostava de andar, e nós caminhávamos freqüentemente juntos. Um dia percorremos uma boa distância para ir buscar um novo par de sapatos ortopédicos especialmente desenhados para ela. Nayima coxeava um pouco ao voltar para casa, mas seu modo de andar não era tão mau assim. Em casa, disse:

— Não são os músculos que estão me conduzindo.

Eles estão cansados demais. É a força de vontade. Andei hoje o que nunca tinha andado até agora.

Nayima não queria apenas parar de usar bengala. Não queria apenas escalar montanhas. Queria que não houvesse diferença entre sua maneira de andar e a de outras pessoas, e faria tudo para alcançar esse objetivo.

Um rapaz chamado Eli, que padecia de distrofia muscular, gravemente deficiente, estava obtendo muita publicidade em Israel naquele tempo, tentando ser aceito no exército para mostrar que um estropiado poderia dar sua contribuição ao país. Argumentava que lhe era possível servir Israel com a inteligência, ainda que o corpo estivesse paralisado. Apoiei sua causa, mas foi Nayima quem pensou em telefonar-lhe e oferecer ajuda.

Nayima disse-lhe que ele estava lutando demais contra a sociedade e de menos contra a distrofia muscular. Eli respondeu que não havia nada que pudesse fazer a respeito da moléstia, e que se achava em boa forma comparado com muitas outras vítimas desse tipo de distrofia muscular.

Nayima insistiu:

— Há muita coisa que você pode fazer em relação à doença, se quiser realmente fazê-lo.

Também falei com ele e consegui interessá-lo na hipótese de podermos ajudá-lo.

Poucos dias depois, fomos à casa dele em Tel Aviv. Eli tinha um rosto bonito e sensível, mas o corpo era muito deformado. A cabeça lhe caía sobre um dos ombros e muitos ossos estavam fora do lugar.

— Vocês estão chocados com a minha aparência? — perguntou ele.

— Não, não estou — respondi, e não estava mesmo. Eu me achava demasiado ocupado pensando no que poderíamos fazer para ajudá-lo.

Eli nos contou:

— Quando nasci, os médicos disseram que eu não viveria três anos. Minhas vértebras estavam desalinhadas: tanto se curvavam para a esquerda quanto para a direita. Minhas costelas, completamente torcidas, empurram o coração para a axila direita. É gozado quando esses médicos famosos me examinam com os seus estetoscópios e não conseguem achar o coração!

A temperatura do corpo era elevada e a palma das mãos e a sola dos pés viviam suadas. Suspeitava de que esse calor o mantivera vivo. Comecei a explicar-lhe o nosso trabalho.

— Os movimentos rotativos ajudam todos os músculos envolvidos no movimento a trabalhar juntos, e a trabalhar e descansar alternadamente. Podemos ativar todos eles.

A seguir, Nayima lhe falou dos benefícios da massagem para os músculos tensos, rijos, fracos ou feridos.

— O mais importante é ajustar o toque ao seu corpo.

Eli nos contou que, embora tivesse feito fisioterapia e hidroterapia, só recebera massagens nas costas. Nayima insistiu em que todo o corpo necessitava de massagem, e Eli assentiu prontamente. Quando Nayima e eu saímos da casa dele, estávamos de acordo; Nayima achava que ela era a mais indicada para tratar-lhe o corpo e fez diversas alusões nesse sentido. Isso não me preocupou; na verdade, eu me sentia feliz por trabalhar com alguém que se julgava tão capaz e confiante.

Uma semana depois, Nayima e eu fomos à casa de Eli. Ela pedira instruções a Miriam sobre o melhor tratamento a ser dispensado a Eli, mas, volvido pouco tempo, Nayima decolou com os próprios recursos.

— O mundo agora tem o método Nayima — disse, brincando, Eli.

Ele tinha os braços e as pernas excessivamente tortos, e não podia endireitá-los sozinho. Seus músculos eram finos e as mãos tão fracas que os dedos magros se curvavam na direção da palma. As costelas, totalmente disformes, faziam saliências em alguns lugares e reentrâncias em outros. Era curioso que eu pudesse vê-lo tão bem. Isso se devia, provavelmente, ao meu grande interesse pelo seu estado.

Depois de apenas duas sessões, Eli já era capaz de manter a cabeça ereta por cerca de dez minutos e de mover livros pesados de um lado a outro da mesa. Até os músculos dos dedos e dos braços mostravam mais robustez.

Depois disso, Nayima e eu começamos a tratar dele em ocasiões diferentes, e também instruímos os membros de sua família adotiva para tratá-lo. Conquanto diminuto, o progresso de Eli representou um grande estímulo para mim.

Depois, de súbito, inesperadamente, Nayima me confidenciou:

— Eli e eu vamos nos casar.

Não pude acreditar nos meus ouvidos. Não era o aleijão de Eli que me perturbava, mas o fato de que Nayima só tinha dezoito anos, e eles estavam decidindo casar-se depois de um relacionamento de quatro semanas. Dei uma gargalhada e disse:

— Vocês estão brincando!

Não estavam. Mostrei-me assombrado e cético, mas a minha reação foi suave comparada com a de outros que eles encontraram. Os pais dela, francamente horrorizados com a idéia, recusaram-se a ouvir-lhe os argumentos. Eram gente profundamente religiosa e nem sequer haviam imaginado que Nayima se permitisse escolher o próprio marido — e quanto mais fazer a escolha que fizera! Até Miriam se mostrou consternada.

— Ela, então, não sabe que ele vai morrer dentro de dois anos? Que espécie de casamento será esse?

Mas o casamento nunca se realizou. Os pais de Nayima conseguiram impedi-lo. A questão foi finalmente decidida pelo rabino, que descobriu ser ela uma estudante rabínica de Nova York. Apesar da revolta contra os pais, Nayima não pôde resistir aos desejos do rabino, que era o próprio espírito de sua religião. Por três noites insones ela vacilou em tomar uma decisão, mas, finalmente, decidiu não se casar com Eli.

Eli ficou arrasado, mas, após um certo tempo, recuperou-se de tudo, e eu me pus a tratá-lo sozinho. Era alentador vê-lo tornar-se mais forte. Dois meses depois, conseguia manter a cabeça ereta por uma hora. Eu sabia que ele podia ser ajudado e que, dali a cinco anos, seria capaz de andar se se decidisse a tratar-se.

Infelizmente, a montanha-russa emocional de Eli continuou. Quatro meses após o episódio de Nayima, ele anunciou seus planos de desposar Tsippi, sua irmã adotiva. A mãe adotiva de ambos deu-lhes duas horas para fazer as malas e sair de casa. Ficaram em minha casa por uma semana, até encontrar um lugar para morar. Três dias antes do casamento, a verdadeira mãe de Tsippi foi ao apartamento deles a fim de tentar matar Eli, dizendo aos berros que sua filha não se casaria com um monstro daqueles. A polícia a deteve e a manteve na cadeia até depois do enlace.

Não demorou muito para Eli perder o interesse pelo meu tratamento. Quando eu ia trabalhar com ele, era evidente que não se exercitara no intervalo entre as minhas visitas. Conquanto seu corpo houvesse melhorado muito num curto espaço de tempo, não estava disposto a ir além daquele ponto. Quando deixou de tratar-se, tive de aceitar sua decisão. Só podia assisti-lo, eu não tinha poderes para curá-lo por artes mágicas.

Continuei a fazer progressos com os meus olhos. Minha meta era poder ler sem óculos, e passava horas, todos os dias, trabalhando nesse sentido. Fazia já alguns meses que deixara de usar o cilindro de aumento e estava lendo com os óculos novos. Levava quase quatro horas para completar a leitura de uma página que lia em dez minutos com o cilindro, mas estava determinado a atingir meu objetivo.

Às vezes, meus olhos ficavam tão cansados, que eu tirava os óculos e encostava o nariz na página; e noutras, para meu assombro, as letras apareciam. Então, eu tentava adivinhar que palavra continha aquelas letras e, para meu espanto, lá estava a palavra inteira. Lembrei-me, porém, de que Isaac me instruíra a ler apenas com os óculos, de modo que eu tornava a colocá-los diante dos olhos. Às vezes, pegava os de minha avó, equipados com lentes mais fracas, e lia um pouco com eles. Para mim, entretanto, o desafio de ler sem óculos era irresistível, e eu tentava fazê-lo com freqüência cada vez maior.

Minha visão começara a desenvolver-se, e o mundo externo estava tomando forma para mim. Ao mesmo tempo, firmou-se gradualmente uma decisão em minha mente, que se foi tornando mais e mais sólida, a de algum dia ser capaz de enxergar claramente o que havia ao meu redor. Isaac me prometera que em seis meses mais ou menos eu teria uma boa vista. Não foi bem isso o que aconteceu, mas os meus olhos melhoraram tanto que não fiquei decepcionado. Nem sempre temos consciência do progresso enquanto ele ocorre, mas eu sabia que meus olhos estavam se fortalecendo e continuariam a fortalecer-se. Em primeiro lugar, lia muito mais facilmente com as lentes de aumento especiais. Ademais, começara a ler com os dois olhos. Meu olho mais fraco, o esquerdo, já não introduzia uma imagem borrada no campo de visão quando eu focalizava cada letra. Tornara-se tão forte que representava um papel ativo no processo da visão. Creio que os centros nervosos do cérebro também tinham principiado a ajustar-se à nova situação. O nistagmo, realmente acentuado, diminuíra tanto, que me permitia controlar, de certo modo, os movimentos dos olhos. Eu me achava a caminho de uma vida completamente nova.

Eu nunca deixara de tratar dos olhos, nem mesmo sentado na sala de aula. Ouvindo o professor, movia-os de uma sineta para a outra, nos cantos dianteiros da sala. E estava constantemente a movê-los entre dois pontos; pois, agora, eles já eram tão fortes que eu podia tirar proveito disso. Muitas vezes eu praticava o *palming,* principalmente durante as aulas de música, quando podia exercitá-lo por quarenta e cinco minutos, enquanto ouvia palestras e sinfonias.

Um dia, minha professora de geografia perguntou-me:

— Como espera tirar uma boa nota se está sempre fazendo exercícios para os olhos e não presta atenção ao que eu digo?

Respondi-lhe que eu fazia as duas coisas ao mesmo tempo, mas isso a deixou ainda mais confusa.

— Como pode movimentar os olhos e, ao mesmo tempo, ouvir minha voz?

Ela deve ter compreendido quanto era ridícula a pergunta, especialmente depois que lhe fiz ver que as pessoas estão sempre usando olhos e ouvidos ao mesmo tempo, o dia inteiro. Ainda que perturbassem um pouco os professores e colegas, os exercícios eram uma necessidade para mim. E só poucos professores e alunos aceitavam a minha "ginástica".

Decidi seguir o curso de uma escola de massagem a fim de aprimorar minhas técnicas corporais. Infelizmente, tudo o que aprendi foi que Miriam sabia mais a respeito de massagens do que os instrutores. Eles nos ensinavam um rígido programa de técnicas — algumas proveitosas, mas a maioria inútil. Nunca falavam em prestar atenção às verdadeiras necessidades da pessoa. Não nos instruíam, por exemplo, sobre a posição do corpo do terapeuta durante seu trabalho com um paciente, e nunca mencionaram diferentes tipos de toque para corpos diferentes, nem a importância do relaxamento e da presença do terapeuta. Embora seguisse o curso por seis meses, decidi não solicitar o certificado de freqüência que a escola oferecia. A principal coisa que ganhei com ele foi o sentido de confiança no que eu já estava fazendo. Também apreciei as massagens gratuitas que me fizeram quando todos nós trabalhávamos uns com os outros.

Mas eu já estava recebendo diversas pessoas em sessões de massagem e movimento — pessoas que conhecia na praia e os conhecidos das que Miriam me mandava —, e algumas achavam que eu devia cobrar pelo meu trabalho. Eu sempre recusara qualquer tipo de pagamento, mas, depois de completar o curso de massagens, comecei a achar que talvez me fosse lícito aceitar uma remuneração.

Poucas semanas antes de minha formatura, Miriam mandou me chamar. Sempre me alegrava receber notícias dela. Falou-me de um moço chamado Danny, recém-chegado a Israel, procedente do Irã, que estava encontrando dificuldade para andar em virtude de uma distrofia muscular progressiva. Acrescentou que o estado dele era bem grave e esperava que eu o atendesse.

Poucas semanas depois Danny me procurou e perguntou-me se havia alguma coisa que eu podia fazer por ele.

— Minha situação parece má. Todos os médicos dizem que não há nada que se possa fazer. Tem certeza de que pode ajudar-me?

Falei-lhe de Eli, que, naquela ocasião, estava melhorando gradativamente. Danny ficou impressionado, e marcamos uma hora para encontrar-nos.

Na primeira vez em que o vi, Danny pareceu-me um menino. Eu era apenas um ano mais velho e um pouco mais alto, mas ele dava a impressão de ter a metade da minha estatura. Trazia no rosto uma expressão de sofrimento, e as mãos lhe tremiam, mas, apesar disso, havia nele algo de carismático. Franco e direto, cheio de vivacidade nos anos que se seguiram, Danny tornou-se não só meu paciente, mas também meu professor e meu melhor amigo.

Examinei-o e testei o vigor das pernas. Todos os dedos dos pés se curvavam para cima, pois os músculos não tinham força suficiente para mantê-los no lugar. As pernas eram muito finas, e as coxas mais finas do que a barriga da perna. A perna mais forte, que suportava a maior parte do peso quando ele ficava de pé e caminhava, endurecera devido à contração dos músculos. Os dedos eram afilados como os de um bebê, e os braços quase não tinham músculos. Ele só conseguia erguê-los até a altura do peito. Os ombros estavam tão emaciados que poderíamos deslocá-los se lhe puxássemos os braços. Na expressão do rosto magro havia o que quer que fosse de infeliz e assustado.

A distrofia muscular é uma doença progressiva, que provoca a degeneração das fibras musculares. Como Eli, Danny sofria do tipo Duchenne de distrofia muscular, que é sempre fatal. Não se conhece a causa da enfermidade.

Danny e eu discutimos um plano de tratamento, e eu disse:

— Você pode curar-se definitivamente!

Ele fitou-me, assombrado. Não tinha certeza de poder acreditar em mim, mas a perspectiva de um possível adiamento da degeneração e da morte se lhe afigurava uma salvação.

Nas duas primeiras sessões realizei todo o trabalho. Mostrei a Danny como esfregar as mãos uma na outra para aquecê-las, mas, a princípio, ele só conseguia fazê-lo poucas vezes antes de exaurir-se. Massageei-lhe os dedos para estimulá-los e aumentar a circulação. Trabalhei muitas horas com os braços e ombros, massageando-os suavemente e fazendo-os girar. Após diversas sessões, a força de Danny aumentou. Ele conseguia esfregar as mãos uma na outra por alguns minutos até aquecê-las.

Miriam me dissera que o paciente não deve permanecer passivo durante a massagem, pois nesse caso estaria recebendo estimulação, mas não estaria fazendo nada para distribuir ou liberar a energia produzida pela massagem. Na terceira sessão, pedi a Danny que executasse alguns movimentos simples enquanto eu trabalhava com ele, movimentando-lhe, por exemplo, a cabeça de um lado para outro ou dobrando e endireitando o joelho.

O abdômen de Danny era tenso e duro. Ensinei-o a respirar pelo nariz, e isso ajudou a expandir e relaxar os músculos abdominais e o diafragma. As pernas, porém, precisavam da maior quantidade de trabalho, sobretudo a mais forte, cujos músculos contraídos eram duros como pedra. Foram necessários vários meses para fazer que suas pernas pudessem descontrair-se, mas, quando isso aconteceu, todo o corpo principiou a relaxar. A respiração, extremamente superficial, se aprofundou gradualmente.

Depois tentei massagear-lhe a cabeça. De início, ele não suportava que a tocassem. Aos sete anos de idade perdera a audição de um ouvido em consequência de um desastre de automóvel, e, pouco depois, começaram a manifestar-se os sintomas da distrofia muscular. O que me assombra é que nenhum de seus médicos desconfiasse de alguma conexão entre o acidente e a moléstia.

Fosse qual fosse a causa, a doença de Danny manifestou-se quando ele tinha sete anos. Pareceu interromper-se por algum tempo enquanto Danny crescia rapidamente, mas, durante a adolescência, o processo de degeneração tornou-se evidente. Quando ele fez dezessete anos, na ocasião em que o conheci, era-lhe tão difícil caminhar que estava prestes a usar uma cadeira de rodas. Depois que nos conhecemos, ele me contou que preferiria matar-se a ter de usar uma cadeira de rodas. Recusava-se a levar uma vida de aleijado. A distrofia muscular de Duchenne conduz à morte lenta, e o paciente acaba ficando tão fraco que já nem consegue respirar.

Pessoa muito especial e bastante perturbada, Danny me disse que a vida é tão sem sentido quanto a poeira e que não via razão para viver. Sentia-se atraído por filósofos que considerava pessimistas, como Sartre e Camus. A vida, para ele, não era mais que uma prisão, da qual a morte seria uma libertação. Depois de trabalharmos juntos por alguns meses, Danny principiou a ver alguns resultados, e sua atitude melhorou de maneira notável. De repente, percebeu que poderia haver uma saída. Encarou o seu trabalho comigo como um possível retardamento. Quando se sentiu capaz de caminhar com mais facilidade e erguer os braços duas vezes mais alto, começou a acreditar numa possibilidade de cura.

Danny era disciplinado no próprio tratamento. Depois de cada sessão, todos os dias, exercitava-se durante quatro horas. Desenvolveu seu sistema de tratamento. Vendo televisão ou ouvindo música, fazia movimentos muito simples, dispensando meia hora a cada um deles. Tratava das mãos, braços, ombros, pernas, estômago e peito, e massageava todas as partes do corpo que conseguia alcançar. Três meses depois, Danny decidiu parar de exercitar-se comigo e continuar o tratamento sozinho. Nos nove meses que se seguiram, trabalhou sozinho e recusou-se a me ver. Considerava o trabalho que fazia com o corpo uma espécie de escultura, e não queria mostrá-lo a ninguém enquanto não se sentisse satisfeito com os resultados.

Meu paciente seguinte de distrofia muscular foi Yankel, um ourives. Um belo dia, meu avô apareceu no apartamento de minha família e anunciou-me que me recomendara a um "perneta, que queria uma massagem", acrescentando ser uma sorte para mim que o homem só tivesse uma perna, pois isso significava que eu teria de fazer apenas a metade do trabalho. Meu avô achava a história muito engraçada. Eu disse:

— Se esse homem só tem uma perna, precisará mais que de uma simples massagem. Precisará de tratamento especializado.

Meu avô respondeu, irritado:

— Você está querendo me ensinar a fazer massagem?

(Ele não sabia coisa alguma a respeito de massagens, mas presumia que, por ser mais velho, tinha que saber mais a respeito de todas as coisas.)

61

— Bem, visto que você é tão entendido no assunto, por que não vai dar umas aulas no meu curso de massagem?
— Você precisaria de cinqüenta anos para aprender o que sei — respondeu ele. — Aqui está o número do telefone dele. Não se esqueça de usar talco.

Yankel telefonou-me alguns dias depois. Disse-me que sofria de distrofia muscular progressiva, e concordei em ir à sua casa. Quando cheguei, a esposa me disse:

— Não existe tratamento médico capaz de ajudá-lo, mas nós estamos dispostos a tentar tudo.

A seguir Yankel entrou na sala com suspensório nas pernas e sustentado por duas bengalas. Embora as pernas fossem extremamente finas, ele não era "perneta", como dissera meu avô.

Pus-me imediatamente a tratar delas, e a massagem proporcionou-lhe imenso alívio. A respiração tornou-se mais fácil. As pernas e os pés, frios e duros, mostravam-se aquecidos e relaxados. Depois que terminei, sem perguntar o preço, Yankel deu-me um cheque generoso. Sua apreciação do meu trabalho fortaleceu-me, de fato, a confiança.

Yankel ansiava por continuar o tratamento. Logo me tornei freqüentador assíduo de sua casa. Eles eram romenos e receberam-me generosamente como membro da família. Mostrei a Yankel exercícios suaves para as pernas e aconselhei-o a mantê-las em movimento o máximo possível, por seu ofício ser sedentário. Como as panturrilhas eram muito finas, aconselhei-o a imprimir aos pés movimentos rotativos a fim de robustecer-lhes os músculos; a visualizar esse movimento durante certo período de tempo; e, em seguida, a girar os pés outra vez. Ensinei-o a executar pequenos movimentos com os dedos dos pés, a fim de revigorar os músculos do pé e da barriga da perna. Era-lhe difícil dobrar totalmente os joelhos, por isso eu lhe disse que se deitasse de costas e girasse os pés de um lado para outro, aumentando a circulação e fortalecendo os músculos da panturrilha; depois de oito sessões, ele já dobrava os joelhos. Outro exercício consistia em deitar-se de costas, dobrar os joelhos com os pés no chão e traçar círculos no chão com os pés, movimentando os joelhos indiretamente. Fiz-lhe uma massagem suave e rápida para ativar a circulação. Outra técnica consistia em colocar a ponta dos dedos sobre um músculo e agitar as mãos bem depressa, fazendo que o músculo vibrasse e criando assim uma sensação de eletricidade. Yankel melhorou rapidamente, mostrando progressos notáveis na força e nas dimensões dos músculos das pernas. Os pés se tornaram mais móveis e flexíveis, e seu equilíbrio em posição ereta melhorou. Depois de dois meses, começou a andar sem os suspensórios das pernas, e decidiu abrir mão de uma das bengalas.

Na realidade, o progresso de Yankel foi tão grande que o tornou superconfiante. Um dia, enquanto descia a escada, projetou uma perna para o lado, como fazia quando andava com os suspensórios. A perna frágil bateu na parede e, sem a proteção da cinta de ferro, sofreu uma fratura. A culpa disso, em parte, foi minha. Eu apreciara a sua ansiedade por melhorar — lembrou-me o meu desejo quase incoercível de livrar-me dos óculos —, mas não me dei conta de quão enraizados estavam os seus hábitos de caminhar. Eu lhe mostrara como fazê-lo corretamente, erguendo um pé e pondo-o com cuidado no chão, para depois erguer o outro, mas como ele ainda conservava o hábito de jogar a perna para o lado, foi acabar num molde de gesso.

Passou seis meses com a perna engessada, e eu ia tratar dele freqüentemente. Mostrava-se sempre feliz por me ver. Depois que tirou o gesso, Yankel voltou a usar os suspensórios por algum tempo; e, então, abdicou deles outra vez. Embora lhe fosse difícil andar apropriadamente, fazia-o muito bem... até que um dia, enquanto se exercitava apoiando-se numa cadeira, quis mostrar à mulher tudo o que sabia fazer. Simulou dar-lhe um pontapé, perdeu o equilíbrio, caiu e quebrou a perna de novo! Dessa vez permaneceu três meses engessado.

Apesar dos reveses, Yankel continuou a se gabar. Gostava de executar os exercícios, que lhe faziam bem. Suas pernas se tornaram mais grossas e mais fortes, e, um dia, ele me disse:

— Sabe, Meir, você me deve algum dinheiro.

Fiquei nervoso.

— Que foi que fiz? Que dinheiro?

— O dinheiro que tenho gasto com o alfaiate para reformar minhas calças.

Yankel perdera treze ou dezoito quilos com aqueles exercícios. A perda de peso lhe fora benéfica, pois havia sido difícil suportar o peso do corpo com aquelas pernas magérrimas. Ele passara por quatro mudanças de tamanho em quatro meses.

Levei Yankel para passear na praia algumas vezes, e sua força e confiança aumentaram, talvez até muito depressa. O entusiasmo, no entanto, revelou-se maior do que a paciência, e Yankel achava difícil esperar um progresso gradativo. Com duas fraturas na perna e a perspectiva de um lento progresso, perdeu o interesse pelo tratamento. Fiquei triste com isso, pois, a meu ver, Yankel teria condições de recuperar-se completamente.

Muito embora eu me sentisse frustrado com Eli e Yankel, sabia que ambos me tinham ensinado muita coisa a respeito da natureza da moléstia neuromuscular e da necessidade de paciência e perseverança. Eu tinha dezoito anos, acabara de sair da escola secundária e já tivera três pacientes de distrofia muscular. Amigos e parentes começaram a comentar o meu trabalho, e, dali a pouco, consegui uma verdadeira "clientela". De repente, mais de vinte pessoas me procuravam para fazer massagens, exercícios e tratamentos — com muitas variedades de problemas musculares, espinhais e neurológicos. Quanto maior o número de pessoas de que eu tratava, tanto mais sensível se tornava o meu toque. Miriam me ensinara que somos todos diferentes uns dos outros e que eu teria de ajustar intuitivamente o meu toque e os meus exercícios a cada pessoa, e eu me achava cada vez mais capaz de fazê-lo.

Compreendi que um terapeuta nunca deve fazer pressão sobre os músculos a ponto de causar dor extrema. Sobretudo em pacientes gravemente enfermos, isso pode danificar o sistema nervoso e, às vezes, todo o corpo. O toque deve ser agradável, indolor. A pressão deve ser aumentada aos poucos, de acordo com a capacidade do paciente de suportá-la. É mister que o terapeuta tenha mãos muito sensíveis para intuir o toque que deve aplicar em cada caso. Senti-me grato por haver estudado braile durante aqueles anos e desenvolvido a sensibilidade dos dedos.

Não havia nenhum segredo mágico. Eu não era um curandeiro fantástico, que, de repente, tivesse as mãos cheias de eletricidade e misterioso poder. Eu precisava tratar-me constantemente e massagear com freqüência as minhas mãos, sobretudo antes de lidar com pacientes. Minhas mãos, que tinham sido fracas, estavam se tornando mais fortes. Senti que começava a desenvolver alguma coisa nova — um enfoque único do corpo.

Capítulo 5

Vered

Devido ao meu envolvimento com pacientes, surgiu a questão das "credenciais". Vários amigos e membros da família me alertaram sobre o risco que eu corria de ser preso por "exercício ilegal da medicina". Por isso, no verão seguinte à minha formatura na escola secundária, comecei a procurar escolas de fisioterapia. O diretor de uma escola disse-me que eu não poderia estudar por causa dos problemas de visão. Outro ficou tão escandalizado por eu já estar trabalhando sem licença que declarou que sua escola nem tomaria conhecimento da minha solicitação.

Bella, minha irmã, morava em San Francisco havia dois anos e, em sua opinião, talvez fosse mais fácil para mim ser aceito numa escola dos Estados Unidos. Gostei da idéia, mas estava fora de cogitação. Simplesmente não tínhamos dinheiro.

Um dia, minha tia Esther, viúva de tio Moshe, telefonou-me. Ela se opusera frontalmente a todo o meu tratamento dos olhos e, depois, ao tratamento que eu dispensava a outras pessoas. Vendo, porém, minha determinação de continuar, ofereceu-se para ajudar-me a obter um diploma de fisioterapeuta profissional. Não que ela, de repente, aprovasse meu trabalho; só queria que eu me tornasse respeitável. No passado, sugerira que eu me formasse professor de estudos bíblicos ou de literatura, mas eu recusara. Quando ela, afinal, compreendeu que eu elegera uma direção diferente, decidiu ajudar-me a segui-la — porém nas suas condições.

— Não posso dar-me ao luxo de mandá-lo para os Estados Unidos — disse ela —, mas você poderia ir para um

lugar mais próximo, como a Itália, por exemplo. Se não pode estudar em Israel, não deve perder seu tempo aqui.
Senti-me grato pela oferta. Em vista de sua vigorosa oposição ao meu trabalho por mais de um ano, aceitei, prazeroso, a reviravolta, mesmo sabendo que o motivo não era um interesse verdadeiro pelo meu trabalho, mas o seu desejo de fazer de mim "alguém". Conquanto eu me ressentisse do objetivo, achei que ela estava certa querendo que eu aproveitasse a oportunidade de estudar no estrangeiro, e, portanto, aceitei sua oferta.

Preparei-me para seguir rumo à Itália. Estudei italiano e registrei-me no consulado daquele país. Após quatro meses de planejamento e um mês de demora, durante a guerra do Yom Kippur com a Síria e o Egito, parti para a Itália. Doze dias depois, eu estava em casa outra vez.

Verifiquei que as condições de ingresso na escola não me tinham sido bem esclarecidas pelo consulado italiano. Havia duzentos e setenta candidatos para vinte vagas, onze das quais já tinham sido preenchidas antes da minha chegada. Fiquei sabendo também que o diploma de uma escola italiana de fisioterapia não é reconhecido fora da Itália.

Eu saíra com o equivalente a quatrocentos e cinqüenta dólares, soma generosa na ocasião, e voltara com mais da metade dessa quantia. Minha família disse-me, em particular, que eu fora tolo por não aproveitar a oportunidade de viajar pela Europa e tirar umas férias. Mas eu entendia que, tendo partido com um propósito sério, não queria gastar em férias o dinheiro de minha tia. A repentina mudança de planos foi decepcionante, mas confesso que me senti feliz por estar de volta a casa. Havia muita coisa para fazer.

Tia Esther começou a insistir para que eu seguisse outra direção. Voltou a repisar a idéia de que eu deveria tornar-me professor de literatura ou filosofia. Respondi-lhe que isso não me interessava, que eu tinha minhas próprias metas e estava muito ansioso por alcançá-las. E ela:

— Você não tem direção. Está perdendo tempo.

Por fim eu disse que preferia ser massagista numa sauna a desistir do meu trabalho.

— Isso é vergonhoso — gritou ela. — Você fala como um vadio de baixa classe.

Divertiu-me ver que minha tia, fundadora do Partido dos Trabalhadores Socialistas de Israel, havia adquirido, de repente, tamanha consciência de classe.

Nada a faria mudar de idéia. Até Savta concordava com ela.

— Esther está absolutamente certa. Você devia estudar literatura e parar de tentar ganhar a vida arranhando o traseiro dos outros.

Senti-me profundamente magoado que até ela pensasse assim, mas não havia nada que eu mais quisesse realizar do que aquilo que estava fazendo.

Eu era cada vez mais bem sucedido no trabalho, e conhecia mais pessoas interessadas nele. Não admira que isso acontecesse em Israel, pois somos um povo muito comunicativo — talvez devesse dizer abelhudo —, sempre interessado no que os outros estão fazendo. Era sobretudo minha família que me fornecia motivos para brigas.

Na realidade, eu estava perfeitamente satisfeito com a direção de minha vida. Tinha até uma namorada de verdade, uma moça bonita chamada Yaffa, que acompanhava os meus problemas com simpatia e amor. Sua compaixão ajudou-me a prosseguir a despeito de todas as pressões. Meu trabalho continuava a ser uma grande fonte de satisfação.

Miriam fazia o possível para ajudar-me. O período em que me evitou foi curto. Uma vez ela conseguiu que eu conhecesse um fisioterapeuta licenciado, que trabalhava num hospital, e ele sugeriu que eu entrasse numa escola de fisioterapia para cegos, na Inglaterra. A idéia me pareceu boa, mas, naquele momento, eu queria ficar em Israel.

No outono de 1973 matriculei-me em Bar Ilan, universidade religiosa localizada fora de Tel Aviv. Eu queria fazer o curso de biologia, mas todos os departamentos de ciência estavam completos no momento em que me registrei, o que me levou a matricular-me no departamento de filosofia. Isso, naturalmente, agradou à minha família, e eu me sentia feliz. A filosofia sempre me interessara, mormente a filosofia judaica, e havia um excelente departamento filosófico em Bar Ilan. Meu plano era participar do curso de biologia tão logo surgisse uma vaga.

Um dia, em Bar Ilan, uma bela marroquina de cabelos negros sentou-se ao meu lado no restaurante, ofereceu-me um biscoito e uma xícara de café e, de pronto, me perguntou:

— O que você faz, além de estudar?

Contou-me que se chamava Vered, e eu contei-lhe alguma coisa sobre o trabalho com os meus olhos e com pacientes. Ela perguntou-me:

— Você acha que pode me ajudar? Tenho pólio.

— Naturalmente! — exclamei.

Decidimos encontrar-nos em minha casa no dia seguinte.

Vered sofrera cinco cirurgias na perna afetada. Durante uma operação, implantou-se-lhe um pedaço de cimento no dedão do pé a fim de mantê-lo reto. Os músculos da coxa eram muito finos, a panturrilha e a nádega do lado fraco quase não tinham músculos, de modo que, ao caminhar e ao ficar de pé, a outra perna suportava todo o peso do seu corpo. Caminhar era tão penoso que ela precisava parar e descansar a cada cinco ou seis passos.

Sofria freqüentes dores de cabeça paralisantes, que a impediam de assistir às aulas. Palestras enfadonhas especialmente lhe causavam grande desconforto físico. Era também tão tímida que não ousava entrar atrasada na sala de aula, nem que o atraso fosse de poucos minutos. Perfeccionista em tudo o que fazia, desistia da empreitada por qualquer razão insignificante se não pudesse realizá-la com perfeição.

A família de Vered era muito pobre, e ela odiava esse fato. O pai era inválido e a mãe não trabalhava, de sorte que a família era sustentada pela beneficência do governo. A própria Vered ganhava algum dinheiro trabalhando depois das aulas.

Devido ao seu encanto e inteligência, fazia amizades com facilidade, mas achava sempre que estava enganando as pessoas. Seus relacionamentos pareciam maravilhosos no início, mas depois, pouco a pouco, ela se ia fechando em si mesma. Havia nela certo medo que não a deixava abrir-se plenamente com os outros, decorrência talvez da doença ou da pobreza. Fosse o que fosse, essa pessoa complexa e contraditória era a mulher mais atraente que eu já conhecera. Tinha um tipo misterioso de beleza, como o que se poderia imaginar característico de uma mulher dos tempos idos, com um sorriso semelhante ao da Mona Lisa. Era especialmente bonita quando estava de bom humor, mas seus estados de espírito variavam muito.

Vered foi a pessoa mais inteligente que conheci. Não se tratava apenas do extraordinário alcance dos conhecimentos e da memória quase perfeita, mas também de uma total sinceridade e franqueza para coisas novas. Prestava sempre atenção e era sempre capaz de apreender idéias novas — não só o que se dizia, mas também o que havia nas entrelinhas. Relutava, portanto, em olhar para si mesma muito de perto, com medo da própria visão interior, clara e inflexível. Sabia apreciar as coisas boas de seu caráter, mas ficava freqüentemente consternada com o próprio comportamento, e sentia-se perturbada quando não conseguia controlá-lo. Às vezes, a vida lhe parecia maravilhosa, mas, na maior parte das ocasiões, exaustiva e impossível.

Vered era obrigada a passar dias e noites inteiros na cama, paralisada pela dor, depressão e cansaço. A maioria das pessoas acorda, uma vez ou outra, cansada, sem vontade de enfrentar a vida, mas Vered se sentia assim quase todos os dias. E quanto mais ficava na cama sem fazer nada, tanto pior se sentia a respeito de si mesma e do mundo.

E, todavia, com todas as suas frustrações, continuava a fazer novas amizades e a aceitar com prazer novas experiências. Parecia dar um passo à frente no mundo com grande confiança, mas, sob essa aparência otimista, o espírito, como o corpo, era frágil e incerto.

Quando Vered foi à minha casa para a primeira sessão, comecei testando-lhe a perna fraca. Ela não pôde sequer tolerar o meu toque, levíssimo, na rótula, devido à dor resultante da cirurgia. Gritava ao mais leve contato. A perna entortava-se para um lado, pois os músculos, muito fracos, não conseguiam mantê-la reta. Todas as intervenções cirúrgicas lhe tinham sido nocivas. Senti vontade de chorar diante da perna frágil e desperdiçada, destruída pelo bisturi dos cirurgiões. Entretanto, eu sabia que ela poderia vencer essa batalha e que teríamos de começar fortalecendo-lhe a perna fraca. Mostrei-lhe dois exercícios físicos, e concordamos em encontrar-nos outra vez.

Vi Vered várias vezes na escola antes da sessão seguinte. Ela perguntou se eu precisava de alguma ajuda na leitura, e quando respondi afirmativamente, sentou-se de bom grado e leu para mim trechos dos meus compêndios. Sua voz era clara e linda.

Levei Vered para conhecer Miriam, que também ficou encantada com ela. Mostrou-lhe um livro tchecoslovaco destinado a dançarinas, que ilustrava posturas corretas e incorretas das pessoas de pé, sentadas e andando, e explicou alguns exercícios que, em seu entender, poderiam ajudá-la. Um deles era uma técnica da dança do ventre, que consistia em fazer girar as ancas isoladamente do resto do corpo. Miriam achou que Vered era alguém que compreendia esse trabalho como poucas pessoas poderiam fazê-lo, e aprovou a nossa lida.

Vered era incrivelmente sensível à dor; até um aperto afetuoso de mão a deixava à beira das lágrimas. A dor na perna lhe causava um sofrimento terrível. Sentia dor quando eu a tratava, mas fazia um grande esforço para suportá-la. Eu usava óleo para diminuir o atrito, e mostrei-lhe como respirar profundamente, o que a ajudava a relaxar-se um pouco e, desse modo, reduzir a dor.

Pedi a Vered que girasse os braços para cima e para baixo, ritmicamente, ao mesmo tempo que movia a cabeça devagar de um lado para outro, liberando a tensão nos ombros e no pescoço, acumulada naturalmente nas pessoas que têm dificuldade para andar. Depois, fiz com que movesse simultaneamente um pé. Seu pé movia-se muito pouco, mas, ao cabo de uma hora, sua circulação havia melhorado tanto que pude tocar a área cicatrizada do joelho sem lhe causar muita dor. Ela me contou que se sentia como se estivesse acordando de um sonho horrível. Depois de várias outras sessões, Vered começou a notar que o meu toque era só ocasionalmente doloroso e apenas onde haviam sido feitas as incisões mais profundas. O tecido localizado sob as cicatrizes ainda estava muito danificado, e alguns ossos nunca tinham se curado completamente.

Em nossas sessões seguintes, comecei a massagear-lhe a perna dentro da água, na banheira. A água quente relaxa os músculos e nela os movimentos tornam-se mais fáceis. Alguns músculos de Vered, que normalmente não conseguiam movimentar-se, moviam-se na água, que oferece menor resistência gravitacional. Passados três meses, ela dobrava e endireitava os joelhos com regularidade dentro da água; e seis meses depois já o fazia fora da água.

Vered executava os exercícios com uma determinação revelada apenas por mim e por Danny. Ela possuía uma consciência cinestética natural, que eu não observara em mais ninguém. Depois de apenas duas sessões, já criava exercícios novos, para completar os que eu lhe ensinara.

Quando Vered caminhava, o joelho propendia a deslizar para trás e "trancar-se", enrijecendo a perna e provocando demasiada pressão sobre o joelho, o que o fazia vibrar a cada passo. Isso se devia à fraqueza dos músculos à volta do joelho, e Vered e eu nos concentramos em robustecê-los. Um exercício que ela fazia horas a fio consistia em deitar-se de bruços e levantar e abaixar a panturrilha da perna fraca. A seguir, passou a imprimir à panturrilha um movimento rotativo, fazendo trabalhar, lenta e suavemente, todos os músculos à volta do joelho. Para quem não conseguia sequer erguer a perna, Vered aumentou tanto a extensão dos movimentos que já podia tocar a própria nádega com o pé.

Começou também a fazer automassagens, especialmente no joelho. Miriam sempre me dissera que, antes de aplicar uma massagem, convém esfregar as mãos uma na outra até aquecê-las, e que a melhor maneira de fazê-lo era entrelaçar os dedos e esfregar uma palma na outra num movimento rotativo. Com as mãos aquecidas, Vered massageava os joelhos. Fazia-o quase constantemente.

Vered gostava sobretudo do exercício da dança do ventre. Tinha os músculos pélvicos dolorosamente contraídos e um quadril mais alto que o outro, e o exercício lhe desatava suavemente a bacia e os quadris. O retesamento pélvico provinha da mesma fonte da maioria de seus outros problemas: o desequilíbrio do movimento causado pela perna fraca. Esse desequilíbrio sobrecarregava alguns músculos de trabalho e de tensão, ao passo que outros pouco usados, se atrofiavam. A meta de seu tratamento resumia-se em criar equilíbrio. Uma árdua tarefa, já que uma perna tinha a metade da grossura da outra, em todo o seu comprimento, até a anca.

Conquanto a pólio seja uma doença rara hoje em dia, o estudo dos problemas de uma vítima de pólio nos ensina muita coisa a respeito de outras doenças. Os cirurgiões ortopédicos consideraram a pólio um problema mecânico, como se os pacientes fossem máquinas que funcionam mal. Cortam músculos, encompridando alguns e encurtando outros, quebram ossos, transferem pedaços de juntas de um membro para outro. Parecem ter a sensibilidade de um mecânico de automóveis. Em casos de pólio, os músculos operados, fracos e atrofiados, não têm uma adequada função nervosa nem uma boa circulação sanguínea. A cirurgia só lhes diminui ainda mais a capacidade de funcionamento.

Muitos fisioterapeutas tentam ativar os músculos do paciente de pólio, mas não enfatizam o movimento equilibrado. Aconselham os pacientes a andar de bicicleta, a nadar ou a executar outro exercício "terapêutico", mas nada fazem para mudar-lhes as maneiras habituais de movimentar e utilizar o corpo, a respiração ou as concepções mentais do movimento. Em lugar de sugerir alterações fundamentais, os fisioterapeutas procuram ajudar os pacientes a progredir prescrevendo atividades árduas. Estimulam o emprego pesado de membros já fortes, em lugar de fortificar os fracos, pela simples razão de não acreditar que isso seja possível. O que me lembra o modo com que os meus professores queriam que eu descurasse dos olhos. Hoje estamos vendo os resultados desse enfoque equilibrado dos pacientes do coração e de apoplexia, que sofrem tais enfermidades em resultado do que os médicos denominam síndrome pós-pólio. Tudo indica que esse estado é causado pelo excesso de exercícios impostos a uma parte — um braço ou uma perna — do corpo do paciente de pólio, durante a terapia ou o exercício.

Vered e eu estávamos tentando modificar todo o modo de trabalhar do corpo — desenvolvendo músculos parcialmente atrofiados e incentivando o uso dos músculos até então não empregados para realizar o trabalho daqueles que *tinham* degenerado totalmente. Tentamos equilibrar-lhe o movimento para que as duas pernas trabalhassem juntas, igualmente e em coordenação.

Vered fê-lo com exercícios físicos e também com percepção mental. Quando liberava alguma parte do corpo da tensão habitual, compreendia que lhe era possível, com efeito, melhorar a própria condição. Essa idéia transformou-lhe a atitude para consigo mesma e para com a moléstia. *Uma pequena mudança de atitude pode representar a diferença entre progresso e deterioração.*

A excepcional inteligência de Vered e sua capacidade de assimilar novas idéias era um trunfo em sua terapia. Estava sempre criando novos exercícios para si mesma, que eu depois aplicava a outros pacientes com excelentes resultados. Eu lhe pedia que visualizasse a perna fraca como se fosse forte e sadia e se visse caminhando como se tivesse duas pernas normais. Os resultados foram assombrosos. A diferença que havia entre as duas pernas diminuiu visivelmente. Como quase todas as pessoas que têm pernas fracas, Vered retesava os braços e os ombros ao andar. Através da respiração e de lentos exercícios com as pernas, alternando-as para que nenhuma se cansasse, liberava grande parte da tensão.

Íamos freqüentemente à praia fazer exercícios, primeiro caminhando na água rasa a fim de acostumá-la ao movimento das ondas e, depois, andando com água até a cintura. Ali ficava ela, erguendo um joelho por vez até a altura do quadril. Fora da água, mal podia levantar a perna mas, dentro dela, era fácil. Isso lhe habituou a perna mais fraca a erguer-se com os próprios músculos e ajudou-a a eliminar o costume de arrastá-la ao caminhar em terra. Os músculos estavam lá; só necessitavam das condições certas para desenvolver-se. Depois daquela fase em que era obrigada a parar a cada cinco ou seis passos para descansar, a força de Vered aumentou de tal modo que já lhe era possível caminhar cinco quilômetros sem desconforto. Foi-lhe preciso desenvolver-se aos poucos para percorrer essa distância, e seus músculos doíam à medida que o trajeto aumentava. Mas ela aprendeu a aliviar a dor e a fadiga de músculos excessivamente solicitados com exercícios suaves de estiramento e massagens. Seu progresso foi, praticamente, fenomenal.

Chegou um tempo em que já não era preciso *procurar* novos exercícios; eles simplesmente "apareciam" quando eu necessitava deles. Eu procurava uma forma de pôr em prática as minhas idéias enquanto trabalhava comigo mesmo e aí surgia a inspiração para novos exercícios — exatamente os mais adequados para as costas, as pernas, os olhos. Isso também começou a acontecer em relação aos pacientes. Bastava que eu me afinasse com eles e com suas necessidades, para saber o que fazer.

As necessidades das pessoas deficientes são, basicamente, as mesmas que as das demais. Precisamos ativar partes adormecidas e não utilizadas do corpo e fortalecer as outras, a fim de que elas funcionem equilibrada e apropriadamente. Quando os deficientes físicos principiam a trabalhar consigo mesmos, seus movimentos, não raro, são abruptos, forçados e insensíveis. Quando se massageiam, costumam fazê-lo muito asperamente a princípio. É especialmente útil às pessoas deficientes aprender a massagear outros antes de praticar a automassagem. Depois de aprenderem a ser sensíveis e a ter cuidado com o corpo de outros, ser-lhes-á mais fácil estender a mesma consideração aos seus corpos. Isso é especialmente válido para os deficientes que, muitas vezes, têm ódio do próprio corpo.

Vered apresentou-me à sua amiga Channi, que também tinha pólio. Channi já consultara certo número de "curandeiros" e não queria mais saber de nenhum deles, mas Vered convenceu-a de que eu não era "curandeiro", mas sim professor de movimento, de modo que ela acabou concordando em encontrar-se comigo. Como Vered, a pólio a atingira quando criança. Sua perna direita era a mais forte — a que ela chamava "minha perna bonita". A esquerda, rígida e fina como bengala, recebera o nome de "minha perna interessante" A perna "interessante" sobrevivera a nove cirurgias. O tornozelo se tornara tão fraco que, para impedir o pé de ficar solto, pendente da perna, os cirurgiões instalaram nele um pedaço de osso da bacia, que lhe permitia andar sem suspensório na perna, mas não a deixava dobrar o tornozelo nem mover o pé.

Channi era atraente, mas o dano produzido na perna lhe ferira o amor-próprio. Caminhava apoiada a uma bengala e, como se isso a impedisse de ser bonita, era totalmente desleixada no tocante aos cuidados com a sua pessoa.

Como a de Vered, a perna fraca de Channi era extremamente sensível à dor. Para que ela pudesse suportar mais de meio minuto de massagem naquela perna, eu tinha de mudar constantemente o tipo de contato, pancadinhas, batidas, beliscões apertados e rápidos, sempre modulando a firmeza do toque. À proporção que aumentava a tolerância, a massagem trouxe maior circulação às áreas lesadas, ajudando-as a se sentirem mais vivas.

A perna de Channi tinha tendência para esquentar, especialmente quando ela caminhava muito ou se sentava numa posição incômoda. A maioria dos pacientes de pólio tem pernas frias ao toque, em virtude da ausência de circulação. No caso dela, contudo, a tensão fazia o sangue fluir para a superfície, obstando-o a alcançar os tecidos mais profundos. Massageei-lhe a perna delicadamente com um movimento vibratório como o que usara em Yankel, e o fluido acumulado, que provocara o excessivo aquecimento da perna, lentamente se dispersou. A massagem regula a temperatura do corpo, esteja ele superaquecido ou frio, visto que qualquer uma das condições pode ser causada por deficiência circulatória. Channi aprendeu a fazê-lo sozinha, e esse foi o seu primeiro triunfo na terapia. Embora se tivesse mostrado cética no começo, logo que se deu conta de algum progresso, ansiou por continuar o tratamento. E à medida que passava mais tempo lidando consigo mesma, notei que ela também se pôs a cuidar melhor da aparência.

Channi e eu íamos freqüentemente à praia a fim de exercitar-nos. Ainda que fosse apenas pelos raios do sol e pelo ar purificante do mar, isso teria sido saudável para ela, mas o meu propósito principal era ajudá-la a adaptar-se a diversas condições e maneiras de andar. Eu queria que ela aprendesse a andar na areia, onde o pé afunda a cada passo e precisamos erguer bastante a perna para retirá-lo. Os pacientes de pólio, tipicamente, arrastam as pernas a partir dos quadris em lugar de erguê-los do chão, de modo que aprender a andar na areia é muito útil. Foi útil também para Channi aprender a caminhar nas ondas perto da praia e fazer exercícios de pernas na água, sentada na água rasa, ou de pé com o meu apoio. É um desafio para qualquer paciente de pólio manter-se equilibrado e ereto na arrebentação.

Channi achava muito difícil caminhar na areia. Perdia o equilíbrio a cada passo e caía. Isso acontecia também na água. Uma onda que não teria afetado uma criança de colo derrubava-a. Assim, aproximamo-nos dessas metas gradualmente, passo a passo. Prescrevi-lhe exercícios respiratórios, massageei-lhe as pernas antes e depois das tentativas de andar, e fiz com que "caminhasse" na areia de joelhos. Cheguei a esticar-lhe as pernas arrastando-a praia afora presa pelos pés.

Aos poucos, seu equilíbrio e força aumentaram. Depois de umas doze sessões na praia, ela já era capaz de manter-se ereta na água e andar dez metros na areia sem cair. Graças a isso, pôde caminhar muito melhor em terra firme e plana com a bengala, ainda que o pé continuasse completamente imóvel.

O maior progresso de Channi aconteceu nas coxas. Ensinei-a a ajoelhar-se e a sentar-se sobre os calcanhares e, depois, a separar as pernas e sentar-se no chão entre os calcanhares. Em seguida, ela se erguia sobre os joelhos e tornava a sentar-se no chão. Isso a forçava a usar as duas coxas igualmente. No movimento comum, mal conseguia mover a coxa da perna mais fraca.

O exercício mais eficaz para Channi foi, sem dúvida, mental e não físico. Para ajudá-la a desenvolver o movimento no tornozelo afetado, que permanecera totalmente imóvel desde que os médicos haviam inserido nessa região um pedaço de osso para endireitá-lo, ordenei-lhe que fizesse girar o tornozelo mais forte visualizando, ao mesmo tempo, o outro tornozelo como se também estivesse girando. Quando ela tentou fazer o exercício pela primeira vez, contou-me que sentiu, no tornozelo paralisado, a dor que sentiria se ele realmente se movesse. Respondi-lhe que isso era um ótimo sinal, e pedi-lhe que continuasse. Depois de seis meses de prática escrupulosa, Channi desenvolveu uma mobilidade limitada no tornozelo. Foi então que se desfez da bengala — para sempre. (Quando voltei a Israel, muitos anos depois, Channi apareceu num seminário de que eu participava e contou-me com orgulho que a bengala estava guardada no armário havia mais de dez anos.)

Logo comecei a trabalhar com uma terceira moça, que também tinha pólio. O estado de Frieda era mais grave que o de Channi ou o de Vered. Com as duas pernas paralisadas, seus músculos abdominais tinham se tornado extremamente contraídos, pois precisavam trabalhar para elas. Frieda sofria de distúrbios digestivos crônicos, como acontece com inúmeros pacientes de pólio, por causa dos músculos abdominais desequilibrados e sujeitos a cãibras.

Tinha também um sério problema nas costas. No início da sua infância, os médicos haviam notado que ela não conseguia mantê-las retas e, preocupados com uma possível degenerescência progressiva da espinha, implantaram-lhe uma haste de platina nas costas e fizeram-na usar suspensórios nas pernas e no pescoço. Quando fiz testes com ela, descobri que um pé parecia ter algum potencial de movimento e que o joelho dessa perna também se movia ligeiramente. Achei que isso poderia produzir, com o tempo, movimentação suficiente para ativar e fortalecer a perna e, finalmente, eliminar a necessidade do suspensório.

Frieda melhorou com a minha terapia a ponto de poder movimentar ligeiramente o pé e, quando já estava fazendo algum movimento com a perna mais forte, abandonou o tratamento. Em vez disso, começou a procurar um terapeuta de Feldenkrais, que se concentrou em melhorar-lhe os músculos das costas para que ela pudesse sentir-se mais confortável. Nem sequer tentou revigorar-lhe as pernas. Tive conhecimento de fatos semelhantes reiteradas vezes — alguém que experimenta um pequeno progresso, assusta-se e abre mão dele.

Com Vered, Channi e Frieda assimilei muita coisa sobre o trabalho com deficientes. A maioria das pessoas não usa apropriadamente o corpo e oferece vigorosa resistência a aprender a fazê-lo, especialmente em se tratando de deficientes. Eles procuram separar-se da parte aleijada do corpo, de modo que lhes é difícil trabalhar com essas áreas.

Minha tarefa consistia em ajudá-los a entrar em contato com o corpo do qual se haviam alienado. Eu tentava ajudá-los a regenerar funções que já tinham perdido as esperanças de recuperar, ou a ganhar funções que nunca tinham conhecido antes. Eu estava descobrindo alguma coisa acerca da psicologia da doença, assim como da sua fisiologia. Aprendi que uma pessoa precisa *querer* recuperar-se a fim de superar limitações.

Capítulo 6

Nosso primeiro centro

Minha clientela continuou a crescer. Uma de minhas pacientes, Lyuba, conhecia o diretor da Sociedade Vegetariana, a principal organização do movimento de saúde e nutrição de Israel. Lyuba falou-lhe a meu respeito, e ele me convidou a fazer uma conferência naquela instituição.

Fiquei emocionado! Eu nunca havia feito uma conferência, e aguardava com ansiedade a ocasião de falar em público sobre as minhas atividades. A perspectiva da minha primeira conferência, todavia, durou pouco. Quando me encontrei com o diretor da sociedade para acertar tudo, ele descobriu que eu não era vegetariano, de modo que retirou o convite e sugeriu que, em vez de fazer a conferência, eu me encontrasse com diversos médicos da clínica da sociedade.

Foi assim que conheci o dr. Frumer. Depois de sofrer dois ataques do coração, o dr. Frumer chegara à conclusão de que tinha de mudar sua maneira de viver a fim de evitar um terceiro. Submeteu-se a vinte dias de jejum, e isso lhe abaixou a pressão sanguínea e normalizou-lhe o peso. Em seguida, principiou a exercitar-se vinte minutos por dia, fazendo uma dieta vegetariana equilibrada e levando uma vida menos tensa. Sua melhora foi imediata, e ele se tornou advogado incondicional do exercício e da boa nutrição. Isso não foi bem recebido nem pelos pacientes nem pelos superiores, que preferiam o costumeiro alívio dos sintomas por meio de drogas e cirurgia. Uns poucos pacientes aceitaram com agrado os novos métodos, pois queriam, de fato, modificar seu estilo de vida, e os métodos do dr. Frumer trabalharam por eles. A maioria, porém, ficou irritada e perturbada com as mudanças sugeridas. Ou relutava em mudar ou estava convencida de que o tratamento mais eficaz era proporcionado pelas drogas. Houve queixas de seus métodos heterodoxos (dietas de sucos, jejum em lugar de antibióticos para abaixar a febre, e assim por diante) ao posto médico da aldeia em que ele trabalhava. Os superiores as ouviam, mas faziam ouvidos moucos às histórias de sucesso — incluindo um caso de gangrena que ele tratara com êxito por meio de jejuns! Disseram-lhe simplesmente que, se não quisesse seguir as práticas médicas comuns, seria dispensado.

Ele deixou a clínica e foi para a Sociedade Vegetariana, onde encontrou uma situação apropriada para si, principalmente como advogado de conhecida dieta de emagrecimento, sobretudo para mulheres gordas. Sua nova clientela não era numerosa, mas ele apreciou o ambiente livre de pressões em que podia usar meios simples e naturais para trabalhar com os pacientes. Quando o conheci, o dr. Frumer, entusiasmadíssimo com o que eu tinha para dizer, mostrou-se interessado até em tratar dos próprios olhos. Por fim, ele persuadiu a Sociedade Vegetariana a permitir-me fazer conferências e a atender pacientes em sua clínica.

Ao mesmo tempo, Vered e eu decidimos abrir um centro onde pudéssemos cuidar dos pacientes e ensinar-lhes a terapia que estávamos desenvolvendo. Vered tinha queda para esse trabalho, e começou ajudando-me com alguns clientes. Decidimos também convidar Danny a trabalhar conosco. Embora Danny tratasse de si mesmo sem mim, ainda mantínhamos contato. Eu o procurava uma vez por semana para receber a melhor massagem que já experimentara. Espera-se que os pacientes de distrofia muscular sofram um processo de degeneração, mas Danny, na realidade, estava melhorando. Não somente conseguia levantar os braços normalmente, mas até erguia pequenos pesos. Subia escadas muito bem, e seus dedos, que haviam sido finos como lápis, eram agora grossos e fortes, cheios de energia e sensibilidade incríveis. Eu sabia que ele seria de grande proveito para o nosso centro!

Como se pode imaginar, a perspectiva de ter um lugar assim despertou em mim um entusiasmo quase incontrolável. Não somente poderíamos tratar das pessoas que precisassem de nós, mas também uns dos outros, ajudar-nos com nossos respectivos pacientes e aprender juntos. Quando, porém, lhe falei sobre isso, Danny relutou em juntar-se a nós. Entendia que não lhe seria possível comunicar-se bem com seu limitado hebraico, e não se sentia apto a trabalhar com pacientes. Lembrei-lhe que, de todos nós, incluindo Miriam, era ele quem tinha o melhor toque, e acrescentei que, se ele precisasse de uma boa prova de sua capacidade, lhe bastaria olhar para o próprio corpo. Ele, por fim, aquiesceu.

Encontramos um apartamento perto da Rua Dizengoff, uma das zonas principais de negócios, comércio e lazer de Tel Aviv. Vered tinha o próprio quarto e Danny e eu partilhávamos de um quarto maior. Levei algum tempo amealhando o dinheiro para comprar uma porta corrediça que dividisse o quarto e, enquanto não a instalamos, Danny e eu tivemos pouca privacidade. O quarto de Vered ficava do outro lado do corredor. Nenhum de nós já morara fora de casa, e o "centro" nos proporcionava tudo o que desejávamos: salas para trabalhar, nossa própria cozinha e duas amplas varandas, abertas ao sol, que Vered encheu de vasos de flores e plantas. Vered e eu tratávamos dos pacientes em colchões colocados no chão, e comprei uma mesa de massagens para Danny, que sentia dificuldade de sentar-se no chão. A mesa rangia e balançava, mas funcionava, e nós três estávamos no céu!

A atmosfera era calorosa e familiar. Tínhamos planejado simplesmente fundar um centro de trabalho corporal, mas logo se tornou evidente que aquele era também um bom lugar para vivermos. Além dos pacientes que nos procuravam, mandados por minha família, por amigos e por outros pacientes, a clínica da Sociedade Vegetariana enviou-nos alguns também. Desses, contudo, apenas dois compareceram efetivamente aos encontros que marcamos, mas um deles, uma mulher mais idosa, que falava sem parar, interessou muitos outros em nossa terapia.

Eu gostava de trabalhar na clínica da Sociedade Vegetariana, onde convivia com médicos licenciados que também me mandavam pacientes. Isso não era apenas lisonjeiro, mas também significava que eu estava sob sua proteção e tinha o apoio de uma sociedade de dois mil membros.

Depois de algumas semanas ali, minha agenda estava cheia. Quando, finalmente, pronunciei a primeira conferência, cerca de cento e cinqüenta pessoas compareceram e me ouviram muito atentas. Falei-lhes do meu trabalho com os meus próprios olhos e do método do dr. Bates.

Depois da conferência, os ouvintes me bombardearam com perguntas. Conquanto fizessem objeções a coisas específicas que eu dissera, como, por exemplo, minha desaprovação genérica dos óculos de sol, a conferência, no todo, foi bem aceita, e comecei a receber mais pedidos de entrevista.

Muitos dos meus pacientes iniciais apresentavam problemas oculares. Um dos primeiros, o sr. Vardi, tinha catarata nos dois olhos, uma delas tão madura que o cristalino ficara quase completamente opaco. Ele só conseguia enxergar um pouco de luz e sombra. Não acreditava que o olho mais afetado pudesse ser beneficiado com exercícios, mas prescrevi-lhe alguns para o outro olho. Mostrei-lhe os cinco exercícios básicos: *palming, sunning, shifting, piscamento* e *"swinging"*. No *swinging*, o paciente fica num lugar e move o corpo de um lado para outro, girando sobre a parte dianteira do pé, e vê o campo visual mover-se na direção oposta. A execução do exercício aumenta a visão de detalhes e automatiza o *shifting*.

Após quatro meses, o sr. Vardi enxergava os dedos da mão com o olho mais atingido pela enfermidade — um grande progresso para ele. Tentei ajudá-lo ainda mais mostrando-lhe a maneira correta de ler. A maioria das pessoas lê uma palavra ou uma sentença, ou até uma linha inteira, de uma só vez. A fim de usar melhor os nossos olhos, devemos ver apenas um ponto de cada vez. Em lugar de abranger unidades maiores, como linhas ou sentenças, devemos ler palavra por palavra, letra por letra e, depois, ponto por ponto.

A boa visão consiste em ver com clareza os pormenores centrais e, com menos clareza, a periferia. O ponto central da retina, chamado mácula, é a parte do olho que enxerga com maior acuidade, mas só pode ver, de uma vez só, uma porção muito pequena do campo visual. Por conseguinte, a fim de utilizar plenamente a mácula, devemos transferir continuamente o ponto focal de uma minúcia para a seguinte. Os olhos que vêem bem fazem-no automática e inconscientemente. Os que vêem mal precisam reaprender conscientemente o hábito do *shifting,* pois adquiriram o costume de olhar fixamente e forçar a vista para abranger todo o campo visual de uma só vez, perdendo com isso a utilização da mácula e impossibilitando a visão clara. Isso é sobretudo verdadeiro na leitura, quando a mente sôfrega abocanha sentenças inteiras de uma vez só, forçando os olhos a ver de um modo ao qual não foram destinados, o que pode danificá-los permanentemente e até causar cataratas. Ler ponto por ponto contraria o método ensinado à maioria das pessoas, mas é o modo natural com que funcionam os olhos.

Constituía um verdadeiro desafio ao sr. Vardi distinguir as letras, ou mesmo as palavras; ele desenvolvera, durante muitos anos, o hábito de ler uma linha inteira de cada vez. Praticando esses exercícios, embora a catarata não desaparecesse, foi-lhe possível evitar a cirurgia, e sua visão aumentou consideravelmente.

Uma mulher idosa, que tinha sofrido três operações de catarata e apresentava uma retina descolada e glaucoma, veio fazer uma consulta. Estava quase totalmente cega; a única coisa que conseguia enxergar era um pouco da luz do sol.

Eu disse à secretária da Sociedade Vegetariana:

— Às vezes, as pessoas me procuram tarde demais.

Nunca esqueci sua resposta:

— As pessoas o procuram do jeito que estão, e é desse ponto que você começa.

A mulher, com efeito, começou a exibir algum progresso depois de iniciar o tratamento dos olhos. Um dia, sentada diante do prédio dos Correios, pôde ver pessoas entrando e saindo. Isso foi apenas temporário, mas lampejos semelhantes de visão principiaram a ocorrer, e ela se sentiu muito animada.

Ela trouxe a neta, Mazel, que também tinha problemas de visão. Mazel não só aprendeu os exercícios, como também se interessou pela teoria que lhes servia de base. Pôs-se a observar com cuidado o modo com que os olhos trabalhavam e a maneira com que reagiam em várias situações. Sentiu em si mesma certa resistência a ver com clareza, algo que muitas pessoas com problemas de visão experimentam. Mazel compreendeu que sua extrema sensibilidade à luz e a substâncias como água clorada de piscina provinha de uma ansiedade geral em relação ao meio ambiente. À proporção que aprendeu a relaxar os olhos, principiou a sentir prazer em ver. Começou a freqüentar sessões de psicoterapia e pôde usar os olhos para melhorar seu relacionamento consigo mesma e com o mundo.

Danny, Vered e eu tínhamos opiniões diferentes baseadas em nossas experiências individuais no tratamento da distrofia muscular, da pólio e da cegueira. Juntos, éramos capazes de ajudar ampla série de pacientes.

Danny possuía um sentido agudo do modo com que os músculos se enrijecem e de como liberá-los. Costumava trabalhar diretamente na área mais tensa do paciente e, aos poucos, liberava a tensão até que os tecidos se suavizavam e se relaxavam. Ainda que só lidasse com alguns músculos contraídos, todo o corpo do paciente ficava bem mais relaxado. Nunca empreguei esse método. A área mais tensa do paciente era a última coisa em que eu tocava. Em vez disso, cuidava de todos os pontos relacionados com ela. Numa pessoa que se queixasse de dor de cabeça, por exemplo, eu tratava primeiro do pescoço, dos ombros, das costas e do estômago, antes de tocar na cabeça.

Os exercícios de Danny eram também muito mais simples e diretos. Em seu autotratamento, seguia a mesma rotina todos os dias. Achava importantíssimo que o exercício tivesse uma relação direta com o problema. Fazia questão de ver se ele desenvolvia um músculo ou o libertava da tensão. Mais uma vez, minha abordagem diferia da sua. O que mais me interessava era a relação recíproca entre distintas partes do corpo, e eu tentava ativar todo o corpo do paciente, levando-o a um estado de ser inteiramente distinto. Meus movimentos dirigiam-se no sentido de modificar todo o ritmo do corpo.

Vered inclinava-se para o meu método, mas tanto ela quanto Danny estavam encontrando técnicas mais adequadas a si mesmos. Assim como o paciente deve desenvolver uma abordagem única a fim de melhorar realmente, também o terapeuta deve encontrar seu próprio modo de cuidar de cada paciente. A maneira com que o terapeuta trabalha com o paciente revela muita coisa a respeito do modo como ele trabalha consigo mesmo.

Danny, Vered e eu estávamos desenvolvendo um relacionamento de trabalho e um grande sentimento de camaradagem. Muitas vezes nos exercitávamos juntos e, em seguida, compartíamos de nossos descobrimentos e experiências, como se repartíssemos uma meditação do corpo e do espírito ao mesmo tempo. Era o laço profundo de três pessoas deficientes, que tinham tomado a decisão de superar as deficiências e trabalhavam juntas para alcançar essa meta. Compartilhávamos de uma verdade que transpunha a ignorância e os preconceitos do mundo à nossa volta. Nosso centro era um lugar quente e protetor, onde podíamos ser nós mesmos sem receio de nada.

Essa camaradagem não se restringia a nós. As pessoas gostavam de visitar o centro. Como dizia Vered, havia pacientes que grudavam em nossa casa como se fossem goma de mascar. As pessoas sentiam a atmosfera de segurança, tranqüilidade e otimismo proveniente da nossa convicção de que acabaríamos melhorando. Todos sabiam que a minha visão continuaria a progredir, que a perna de Vered ficaria mais forte, e que Danny se recuperaria de todo.

Felizmente, quando abrimos o centro, já tínhamos a aprovação e o apoio de um médico. O dr. Frumer, da Sociedade Vegetariana, estava sempre do nosso lado. Mandava-nos pacientes e certificava-se de que eram aqueles com os quais podíamos trabalhar sem o menor risco. Quando se preocupava com a gravidade do estado de algum deles, que, a seu ver, poderia agravar-se a despeito do nosso trabalho, e embora pensasse que ninguém poderia responsabilizar-nos por coisa alguma, não nos remetia o paciente, apenas para evitar nosso envolvimento em problemas legais.

Danny, Vered e eu compreendíamos que o estado natural do corpo é a saúde. Partilhávamos dessa compreensão com a Sociedade Vegetariana, cujos médicos também acreditavam que as causas da moléstia sempre podem ser encontradas, se bem que achassem que, em geral, o principal fato era a dieta. Concordávamos com eles em que a má dieta tem efeitos nocivos e a boa, efeitos benéficos, mas entendíamos que a maneira como nos movemos e respiramos é mais importante. Acabamos descobrindo que, com o corpo relaxado, a respiração correta e todas as juntas completamente flexíveis, era difícil para qualquer doença tomar conta do corpo.

Muitas vezes Danny ou Vered, ou ambos, me faziam companhia em meu trabalho na Sociedade Vegetariana. Tínhamos muitos tipos de paciente, quase todos com problemas menores. As enfermidades de inúmeros idosos provinham de anos de utilização errada do corpo. A maioria não nos procurava com a idéia de aprender a curar-se, mas simplesmente com a de ser "tratada" ou massageada, ou apenas de receber um pouco de atenção. Raramente se exercitava em casa e parecia contente com o alívio temporário recebido durante a sessão. Membros da Sociedade Vegetariana já tinham boas idéias a respeito de saúde e eram capazes de apreciar o nosso trabalho e utilizá-lo de algum modo, ainda que não em sua plenitude.

Alguns poucos, verdadeiros hipocondríacos, na verdade não desejavam curar-se. Vinham experimentar o nosso trabalho e, depois de umas duas sessões, com as mazelas intatas, sentiam-se satisfeitos por haver tentado o mais recente tratamento que também não dera certo.

Dedicávamos toda a atenção a cada paciente, fosse qual fosse sua resposta. Sempre explicávamos a todos o que estávamos fazendo e como poderiam ajudar-se a si mesmos. Era evidente para mim que nunca se desperdiçava o tempo gasto com qualquer um deles. Aguçaram-se os nossos instintos e intuições a respeito das pessoas. Não tardamos, porém, a reconhecer o tipo de indivíduos para os quais esse trabalho é especialmente compensador. Comecei até a sonhar com a fundação de um hospital cujos pacientes fossem tratados com métodos autocurativos e de uma escola onde pudessem ser exercitados profissionais da autocura.

A essa altura, já tínhamos um número considerável de clientes. Minhas conferências e a publicidade que a Sociedade

Vegetariana nos dava, a par do reconhecimento de alguns médicos e do encaminhamento de pacientes feito por eles, ajudaram nossa clínica a crescer. Principiamos a compreender e demonstrar a maioria dos fundamentos das enfermidades e curas que se tornaram a base do método da autocura. Percebemos a importância de meditar sobre o tratamento dos pacientes. Miriam costumava dizer-me que, antes de cada sessão, eu devia pensar demoradamente na pessoa que ia tratar, e isso me pareceu essencial. Danny, Vered e eu descobrimos que as mãos, não raro, sabiam muito mais do que a cabeça o que era melhor em determinada terapêutica.

Sempre que um novo paciente nos procurava, eu o testava primeiro, depois Danny e Vered o testavam, cada qual por sua vez. Em geral, o prognóstico de Vered era mais pessimista e o de Danny, mais otimista. Nunca recusávamos um paciente sob a alegação de que ele não poderia ser ajudado, porque Danny sempre instava conosco que o aceitássemos. Danny acreditava que qualquer pessoa pode ser curada, seja qual for sua moléstia.

Certa vez, quando levei um amigo para visitar tio Moshe no hospital, ele me disse:

— Por mais rico, sábio, famoso ou inteligente que seja, você sempre acaba aqui.

Isso, muitas vezes, é verdade, mas eu, agora, gostaria de acrescentar: Por pior que se apresente o seu estado, ou por mais deficiente que você seja, há em seu interior uma força poderosa que pode sempre curá-lo ou, pelo menos, melhorar sua situação. Por mais isolado que você se sinta, o seu ser superior está sempre por perto, disposto a ser seu melhor amigo. Sabendo disso, não precisamos sentir-nos isolados, medrosos ou desamparados. Nosso poder de cura existe em cada músculo do corpo, em cada célula do cérebro, em cada fibra nervosa, em cada vaso sanguíneo. Nascemos com o poder de curar-nos e só precisamos redescobri-lo. Encontrar esse poder é como abrir um armário e achar aquilo que estávamos procurando em toda parte. Estivera ali o tempo todo, mas não o tínhamos percebido. Buscamos em toda parte a cura de nossas doenças, sem compreender que uma força dentro de nós possui uma infinita capacidade de curar o corpo. A moléstia só existe quando ignoramos esse poder curador.

Ao contrário da concepção comum da moléstia como algo ruim, descobrimos que ela também tem o seu lado positivo. É um indicador do estado da pessoa, e seus sintomas são uma clara indicação do uso que ela faz do corpo. Descobríamos, por exemplo, que um paciente com catarata usou os olhos com rigidez durante anos, retesando-os, fixando-os, não piscando suficientemente. Nossa tarefa consistia em ajudá-lo a ter consciência dos hábitos que criaram e estavam criando essa condição, e ajudá-lo a conscientizar-se de hábitos mais saudáveis. Isso era necessário para que ocorresse a cura verdadeira.

Na vida moderna, a maior parte das nossas atividades está rigidamente programada. Raramente temos tempo de nos relaxar e prestar atenção ao que sentimos e às necessidades do corpo. Como uma criança, o corpo exige atenção, sobretudo quando tentamos ignorá-lo. Sendo dominado por uma enfermidade, aleijando-se, o corpo nos obriga a olhar para ele.

Em sua maioria, as pessoas são passivas no que concerne à doença. A medicina moderna nos estimula a preocuparnos com o tratamento dos sintomas e a permitir que nossos corpos sejam manipulados para funcionar como máquinas. É demasiado óbvio e assustador olhar com cuidado e tentar descobrir a causa do problema. Um exemplo manifesto é o paciente de enfizema que continua a fumar.

Shlomo, o velho que me ensinou exercícios na praia, compreendia a importância de dar ao corpo muito carinho e atenção. Cuidava de si por duas horas todos os dias. Algumas pessoas que vinham ao nosso centro compreendiam que cada enfermidade tem a própria causa e a própria cura; que sempre há uma razão para seus problemas, uma causa para seus sintomas e um modo de resolvê-los. Tais pessoas tratavam-se conosco até saber exatamente como tratar-se a si mesmas, assimilando o que lhes mostrávamos e aprendendo a fazer suas próprias descobertas a respeito de seus corpos, de suas mentes e do que poderia ajudá-los. E sempre encontravam a melhor maneira de cuidar de si mesmas. Toda pessoa que padece de uma moléstia precisa descobrir o modo de chegar à causa e, depois, descobrir a cura. O processo é difícil, mas infinitamente recompensador.

Vered é um bom exemplo. Ensinei-a a usar a perna mais fraca em lugar de protegê-la — erguê-la em lugar de arrastá-la atrás de si. Esse procedimento era extremamente difícil para ela. Para ser bem sucedida necessitava de uma voz muito forte em seu interior que a lembrasse constantemente disso. Mesmo depois de perceber que estava andando de maneira incorreta, sua resistência à mudança foi muito profunda. Quando seu andar mostrou, afinal, algum progresso, fiz com que subisse escadas utilizando as duas pernas com a mesma intensidade. A princípio, isso era praticamente impossível, visto que a perna direita estava quase paralisada, mas ela aprendeu a fazê-lo. Também aprendeu a caminhar na areia, o que requer trabalho de novos músculos. Com todos esses exercícios, o progresso de Vered foi enorme. Ela estava no ponto em que teria podido superar completamente a coxeadura, mas, nesse momento, vacilou. O coxeio tornara-se parte integrante de sua identidade, e era-lhe difícil abandoná-lo. Creio que Vered tinha mais consciência de seus verdadeiros sentimentos do que a maioria das pessoas. Nenhum de nós deseja abrir mão de comportamentos arraigados. É difícil tomar consciência dessas atitudes entranhadas que, muitas vezes, contrastam com a razão e o bom senso.

Outro exemplo foi um paciente chamado Reuven, que apresentava má circulação nos pés e na cabeça. Quando nos procurou, tinha o rosto azulado e, em razão do distúrbio circulatório, uma face parcialmente paralisada. Também respirava com dificuldade e sofria de ataques ocasionais de asma, assim como de problemas digestivos, mas o problema fundamental era uma péssima auto-imagem.

Andava pelos vinte e oito anos e sentia-se derrotado, depois de entrar e sair de hospitais durante quase toda a vida adulta sem um diagnóstico definido. Experimentara uma série de dietas e terapêuticas. Durante a nossa primeira sessão, o rosto de Reuven adquiriu uma cor rósea normal, graças à massagem e aos exercícios que lhe aplicamos. Ele começou a procurar-nos regularmente e parecia apreciar as sessões. Depois de alguns meses, quando já se achava a ponto de recobrar-se completamente — a face já não estava paralisada, a circulação melhorara sensivelmente, a respiração era livre e relaxada e a circulação dos pés praticamente normal — ele deixou de comparecer ao centro. Às vezes, nesse ponto crucial, a resistência inconsciente do paciente a novos padrões o impede de dar o passo final para a cura ou o sucesso. Reuven descobriu velhas radiografias que mostravam um buraco no pulmão. Embora esse fato não precisasse tolher-lhe a plena recuperação, ele nos disse, um belo dia, que seu estado era incurável e que nada poderia remediá-lo.

Por esse tempo, comecei a observar a importância da mente na cura do corpo. Eu andara erguendo e abaixando o braço, muito devagar, tentando relaxar-me e respirar profundamente, e percebi que não estava prestando atenção aos movimentos do braço nem às suas sensações. Tornei a erguê-lo e, dessa vez, notei-o pesado e tenso. Repeti o movimento mais algumas vezes, e ele ainda me pareceu pesado. Depois de uma pausa, visualizei-me erguendo o braço. Para minha surpresa, descobri que ele continuava tenso e pesado, até em imaginação! Prossegui na visualização do movimento até poder imaginar o braço leve e o movimento fácil. Em seguida, experimentei fazer o movimento outra vez e notei que o braço, de fato, mais leve, se movia com maior facilidade.

Fiquei excitadíssimo com essa descoberta. Pratiquei-o durante muito tempo, visualizando o braço leve, ou novamente pesado, e constatei que me era possível influir de forma considerável no movimento real. Compreendi de pronto as implicações que esses fatos tinham para o trabalho com pacientes. Percebi que a mente pode ajudar a executar movimentos relaxados, sem esforço, e que se podem produzir grandes modificações no funcionamento do corpo apenas através da consciência.

Capítulo 7

Suspensórios para Rivka

Rivka tinha nove anos de idade quando nos foi recomendada por Miriam. Estivera presa a uma cadeira de rodas desde os dois anos. Tinham-lhe adaptado suspensórios às pernas por três vezes mas, por ser ela incapaz de endireitar o joelho esquerdo, seu andar exercia tamanha pressão sobre os suspensórios que os acabava rebentando.

Vered e eu fomos à casa de Rivka, que ficava na travessa de uma área industrial movimentada de Tel Aviv. Uma longa escada, de degraus quebrados, levava ao seu apartamento no segundo andar. No pequeno apartamento de três cômodos se aboletavam onze pessoas. Rivka era a sétima de nove filhas. O pai quebrara a espinha, tornando-se paralítico, de modo que não podia trabalhar. A mãe tampouco trabalhava fora, de sorte que a família era sustentada principalmente pelo governo, embora várias irmãs trabalhassem. Uma era enfermeira, outra, soldado e as demais, estudantes. No apartamento escuro e desolado, sentada na cadeira de rodas, Rivka fitava o chão com os olhos escondidos atrás de óculos de lentes grossas. Era uma menina acanhada e muito pequena para a idade.

Testamos-lhe a perna enferma. Ela tinha as pernas muito finas e tudo indicava que ficariam paralisadas. As costas, curvadas, exibiam uma curvatura lateral no meio da espinha. Ela só conseguia erguer um dos braços, muito fraco, à altura do peito, fazendo um imenso esforço. O outro braço era relativamente normal. Os músculos do pescoço eram tão fracos que Rivka mal conseguia manter a cabeça ereta. Vered e eu tentamos convencer as irmãs dela de que poderíamos ajudá-la. Expliquei que a primeira coisa de que ela precisava era uma massagem para melhorar-lhe a circulação e levar calor aos membros frios, seguida de movimentos suaves, que lhes dariam flexibilidade e força. Mostrei-lhes que ela possuía alguma capacidade de movimento, mesmo na perna semiparalisada, e que o movimento de todos os membros poderia ser melhorado. Enfatizei, todavia, que o primeiro passo essencial era ativar a circulação. A irmã enfermeira tentou discutir comigo. Na escola de enfermagem, ela aprendera que a circulação só pode ser ativada pela estimulação nervosa, e, a seu ver, a pólio comprometera de tal forma o sistema nervoso de Rivka que este não podia proporcionar a necessária circulação.

Interrompi-a, dizendo:

— Sim, mas o fluxo de sangue também aumenta a estimulação nervosa. Por que não deixa, pelo menos, que ela experimente o nosso trabalho?

Depois Vered, tranqüila e confiante, falou com as irmãs sobre o progresso que ela, outra vítima da pólio, fizera, primeiro tratando-se comigo e, a seguir, realizando sozinha o tratamento. Elas concordaram em experimentar a nossa terapia, contanto que Vered fosse a terapeuta-chefe de Rivka. Vered aceitou o encargo com certa relutância. Ela já estava trabalhando, fazendo um curso completo na universidade, além de cuidar das próprias pernas e enfrentar suas limitações físicas. Não estava disposta a acrescentar a tudo isso o longo trajeto de ônibus e o trecho que tinha de andar para chegar ao apartamento de Rivka (isso foi antes de abrirmos o nosso centro). Vered ainda não confiava totalmente em suas habilidades, mas, a despeito de todas as dúvidas e objeções, ficara emocionada com a perspectiva de ter uma paciente de pólio só sua, e aceitou o desafio.

A família de Rivka ofereceu escasso apoio aos seus esforços. Toda a cooperação se resumia no fato de uma das irmãs tentar incentivar Rivka a fazer os exercícios que Vered lhe mostrava. A princípio, a menina não demonstrou muito entusiasmo, deixando claro que gostava tanto dos exercícios quanto a maioria das crianças gosta das tarefas escolares. Inicialmente, Vered achou o trabalho com Rivka muito frustrante, mas, volvido algum tempo, Rivka começou a demonstrar algum interesse, e principiaram a ocorrer mudanças. Os pés frios se aqueciam mais depressa a cada tratamento. Ela já conseguia realizar algum movimento limitado. Movia os pés para o lado, para trás e para a frente. Vários músculos dos braços e das pernas tornaram-se mais fortes e mais desenvolvidos. Ela conseguia até deitar-se de costas e erguer as pernas por alguns instantes.

Seu maior problema residia na dificuldade de lidar consigo mesmo. A casa de Rivka, pequena e apinhada de gente, oferecia pouca intimidade ou espaço para a prática de exercícios. Vered receava que isso interferisse no crescente entusiasmo da menina. Depois de discutir o assunto, Vered e eu chegamos à conclusão de que Rivka precisava, acima de tudo, de um ambiente melhor. Tínhamos acabado de abrir o centro, e pedimos à família que a levasse até lá para fazer o tratamento. A princípio, ela ia ao centro numa daquelas peruas que transportavam crianças deficientes às escolas especiais, acompanhada por uma das irmãs. Concluído o tratamento, nós a mandávamos de volta para casa num táxi; tínhamos cortado pela metade o custo já nominal das sessões, de modo que lhe era possível pagar o táxi. Depois de algum tempo, o motorista da perua decidiu que o centro ficava muito fora de mão e recusou-se a transportar a pequena Rivka. A essa altura, já não nos restava outra alternativa senão tratá-la de graça, o que lhe permitia pagar um táxi para se deslocar da sua casa ao centro e vice-versa.

Quase todos os primeiros exercícios exigiam que ela os praticasse deitada de bruços numa esteira. Nessa posição, erguia o pé da perna mais forte e, em seguida, deixava-o cair sobre o traseiro. Depois, com grande esforço dos músculos das costas e do estômago, erguia a perna e a pousava novamente na esteira. O exercício era muito puxado, e ela só conseguia realizá-lo após repetidos esforços, alternando-o com a visualização do movimento do pé para cima e para baixo. Entretanto, com poucas semanas de prática, ela foi capaz de realizar o exercício por cinco minutos antes de fazer uma pausa para descanso. Trabalhava durante horas, alternando exercício e repouso. Os músculos das pernas estavam tão contraídos que elas permaneciam praticamente dobradas nos joelhos. Tentamos endireitá-las imprimindo-lhes um suave movimento rotatório. Rivka também trabalhava com os braços, movimentando primeiro o pulso rotativamente e depois, com grande esforço, repetindo o procedimento com o cotovelo. Era importantíssimo para nós estimular-lhe a circulação de modo que o corpo quase paralisado pudesse fruir, pelo menos, da sensação de movimento.

Depois que Rivka chegava ao centro, ficava várias horas lidando consigo mesma. Sentava-se num sofá, lá fora, na varanda, e nós, muitas vezes, olhávamos pela janela a fim de ver o que ela estava fazendo. Sentada, movia o pescoço, depois os braços, a seguir as mãos, ou deitava-se de bruços e transmitia ao pé um movimento rotativo, respirando profundamente. Muitas vezes a víamos simplesmente sentada com os olhos cerrados ou fitando o céu. Quando eu lhe perguntava o que estava fazendo, respondia:

— Estou descansando.

Eu lhe dava cinco minutos de descanso e, em seguida, insistia gentilmente com ela que voltasse ao trabalho. Ela precisava de muitas interrupções para descanso; não obstante, passava de três a quatro horas trabalhando consigo mesma sempre que ia ao centro. Danny, menos paciente, insistia mais em que ela trabalhasse com afinco, e Rivka geralmente trabalhava mais quando ele a vigiava.

Fazia já algum tempo que trabalhávamos com Rivka quando nós três realizamos uma reunião para discutir e decidir o passo seguinte de seu tratamento. Chegamos à conclusão de que chegara o momento de fazê-la usar suspensórios outra vez e começar a andar. Ela estava sofrendo de falta de estimulação, tanto física quanto mental, que nem sua casa nem a escola especial para deficientes podiam lhe proporcionar. Apenas no centro experimentava a liberdade e a atividade de que necessitava. Todos concordamos em que ela precisava ter mais mobilidade, pôr um pouco mais de si mesma nos exercícios.

— Temos de fazê-la andar — disse Danny. — Se não andar, não usará suficientemente os músculos.

Conversamos com a família de Rivka e sugerimos que pedissem ao ortopedista da escola que encomendasse suspensórios para ela. O ortopedista, contudo, recusou-se a solicitar ao governo ajuda para pagar os suspensórios. Quando soube disso, decidi ir falar pessoalmente com ele. Pedi a Rachel, irmã de Rivka, que também achava os suspensórios necessários, que me acompanhasse e me ajudasse a convencê-lo.

O ortopedista parecia um pouco nervoso e recebeu Rachel formalmente. Ela me apresentou como um amigo da família. O médico ofereceu-nos cadeiras e perguntou, um tanto abruptamente, por que o havíamos procurado. Quando Rachel lhe explicou que tínhamos ido reiterar o pedido dos suspensórios feito pela família, ele impacientou-se. Disse-nos que não tinha a intenção de mandar fazer suspensórios para Rivka naquele momento, pois pretendia operar-lhe o joelho dali a seis meses e ela só precisaria de um novo conjunto de suspensórios depois da operação. E acrescentou que se recusava a desperdiçar o dinheiro dos contribuintes com dois conjuntos de suspensórios.

Comecei a explicar-lhe que Rivka estava experimentando um novo tipo de terapêutica, que talvez tornasse a intervenção cirúrgica desnecessária. Não me apresentei como o terapeuta, mas tentei descrever a terapia. O ortopedista ouviu com surpreendente paciência. Não esperara mais que uma discussão de rotina de solicitações que seriam deferidas ou indeferidas, mas, à medida que ouvia, seu interesse aumentou e a rudeza desapareceu. Mostrou-se muito curioso a respeito do nosso trabalho. Discorri-lhe alguns movimentos que usávamos para relaxar e robustecer os músculos, e ele perguntou, com uma insinuação de sarcasmo:

— Nesse caso, para que precisam dos suspensórios?

Expliquei que esses dispositivos lhe dariam maior mobilidade, sustentando-lhe o processo de aprender a caminhar.

— O que você está estudando? — perguntou ele.

Quando lhe respondi que estava estudando filosofia, ele retrucou:

— Mas, então, por que quer discutir medicina? Não é seu campo. Deixe os assuntos médicos para mim.

— Terei muito prazer em deixar a medicina para o senhor — redargüi —, só que, neste momento, Rivka está precisando dos suspensórios.

Ele dirigiu-me um olhar bondoso e paciente, e disse:

— Ouça, rapaz, você está tentando fazer o impossível. O joelho dela não pode ser corrigido, uma vez que seus músculos estão em constante espasmo. Ela quebrou muitos suspensórios no passado, pois, quando tenta caminhar, exerce maior pressão do que eles podem suportar, ainda que sejam planejados para sustentar uma pessoa mais pesada. Só existe uma solução para o problema. Quebraremos cirurgicamente o joelho a fim de endireitar a perna. Aí então ela será capaz de usar os suspensórios sem voltar a quebrá-los.

— E se eu conseguir endireitar o joelho? — perguntei.

— Não há nenhuma maneira que lhe possibilite fazer isso, — retorquiu ele, e ajuntou: — Sabe, sou mais inteligente do que você imagina.

E pôs-se a desfiar uma série de histórias para demonstrar sua inteligência.

— Nunca deixo ninguém me enganar — concluiu —, e também não deixarei que você me passe para trás. Mas estou disposto a fazer um trato. Requisitarei os suspensórios; a seguir, você e eu faremos um contrato em presença de um tabelião e duas testemunhas, pelo qual, se não for capaz de endireitar o joelho dela dentro de seis meses, você pagará os suspensórios.

Não me intimidei. Agradeci-lhe e disse que pensaria no assunto.

— Não se apresse — tornou ele, com um sorriso. — Terei prazer em vê-lo de novo, se decidir fazer o contrato.

Rachel e eu deixamos o consultório, confusos. Tínhamos feito algum progresso, mas sabíamos que seria muito difícil predizer quanto tempo levaríamos para endireitar a perna de Rivka. Era bem provável que levássemos mais de seis meses. O fato de o médico ter planejado realizar a cirurgia nessa época não significava que a perna de Rivka se conformaria com os seus planos. A correção e o fortalecimento da perna dela pelos nossos métodos poderiam revelar-se um processo demorado e penoso.

A maioria dos fisioterapeutas tentaria endireitar-lhe a perna esticando-a à força. Mas os músculos de Rivka eram tão rígidos que ela não poderia ser estendida dessa maneira. Eu tinha certeza de que o único meio consistia em relaxar os músculos e, aos poucos, fortalecê-los, o que só se conseguiria mantendo-os em constante atividade. Eu achava que os movimentos empregados no caminhar seriam especialmente eficazes. Era indispensável que ela conseguisse os suspensórios e começasse a andar.

Expliquei a Rachel que, mesmo que não conseguíssemos endireitar a perna de Rivka em meio ano, ela, pelo menos, não deixaria de receber os suspensórios. Eu estava disposto a assumir a responsabilidade de pagá-los se fracassássemos. Rachel ficou comovidíssima. Sua irmã Mazel, no entanto, não gostou disso, insistindo em que o governo deveria pagar os suspensórios. Por ser enfermeira, estava acostumada a ver o governo fornecer tudo aquilo de que um paciente precisava.

Com ou sem o apoio do ortopedista, nós — Rivka, as irmãs e eu — estávamos convencidos de que os suspensórios eram essenciais. Ela precisava de movimento, variedade, um novo ambiente, deixar por algum tempo a atmosfera sufocante da casa e da escola. Era muito difícil e inconveniente ser sempre carregada ou empurrada numa cadeira de rodas. Urgia que lhe dessem os suspensórios para que ela pudesse gozar de alguma liberdade. Discuti o problema com meus amigos. Um deles sugeriu que eu pedisse mais tempo ao ortopedista. Concordei com isso; não só porque duvidava de que seis meses fossem um tempo suficiente, mas também porque receava que o prazo exíguo me obrigasse a trabalhar demasiado intensamente com ela, o que seria difícil para nós dois. Assim, decidi pedir ao médico que alterasse suas condições.

Duas semanas depois, Rachel e eu voltamos ao consultório do ortopedista. Ele nos recebeu com um sorriso largo e forçado e perguntou:

— Como é, o que você decidiu? Fazemos a aposta?
Respondi-lhe:
— Fazemos, sim, mas quero dois anos de prazo.
O maxilar lhe caiu de espanto, e ele me insultou:
— Saia daqui, seu charlatão — gritou.
Rachel se zangou e gritou também:
— Não deixarei que minha irmã seja operada se o senhor não nos ajudar agora!
Ele lhe respondeu, paciente:
— Estou apenas tentando ajudar Rivka; só estou querendo o melhor para ela.

Voltou-se para mim.

— Que tal oito meses? — ofereceu.

— Esqueça-se disso — repliquei. — Não estamos num mercado. Se o senhor me der dois anos, ela terá uma perna boa. Mas estou perfeitamente disposto a apostar que, daqui a oito meses, ela terá uma perna notavelmente melhor.

— Não — tornou ele. — Não faço tratos com impostores. Quero a perna direita dentro de seis ou oito meses; senão, você pagará os suspensórios.

Saímos dali; estava claro que teríamos de encontrar outra solução.

Entrementes, vi-me em estado de choque. Ninguém, até aquele momento, me chamara de impostor, e fazia anos que eu vinha trabalhando com pessoas. Quando tia Esther ouviu a história, sorriu e disse:

— Bem, você agora aprendeu a lição. E será melhor estar preparado para ouvir a mesma coisa de outras pessoas.

O médico de Rivka recusara-se até a refletir na validade de nosso trabalho. Aquilo me soou como um insulto, não somente a mim, mas à verdade. Muitos outros médicos que conheço teriam feito tudo para procurar algum método capaz de ajudar seus pacientes. Ainda que ele não tivesse imaginação para compreender o trabalho, os resultados teriam falado por si. Na verdade, eu não esperara que ele viesse a concordar com o meu plano, mas, apesar disso, me senti decepcionado e deprimido, e continuei, de certo modo, em estado de choque por muito tempo depois dessa entrevista.

Quando contei ao dr. Frumer a conversa que tivera com o ortopedista, ele ficou assombrado e deixou claro que não concordava com aquilo. Foi um alívio para mim saber que tinha o apoio de um médico estabelecido, que compreendia e sancionava o que eu estava fazendo. Eu relutava muito em repetir a experiência que tivera com o médico de Rivka. Mas, à proporção que o choque se desvanecia, recobrei o equilíbrio. Eu não receava que o ortopedista movesse alguma ação contra mim, apesar de me considerar um curandeiro. Compreendi que, embora duvidasse da minha capacidade e rejeitasse minha proposta, na realidade não se opunha a mim. Simplesmente não podia apoiar-me.

Isso me ocorreu quando compreendi que há uma grande diferença entre "opor-se" e "não aceitar". Quando não podemos aceitar alguma coisa, parte de nós está cônscia, de forma consciente ou subconsciente, de que estamos enfrentando nossas próprias limitações. No caso do ortopedista, havia o envolvimento do elemento medo. Ele receava descobrir que algo tão completamente contrário a seus estudos, sua educação e suas crenças pudesse funcionar — pudesse ser, na verdade, exatamente aquilo de que precisavam seus pacientes. Não queria ver-se obrigado a contestar tudo o que aprendera na faculdade e praticara no consultório.

Ainda que quisesse realmente opor-se a mim, não teria motivos para fazê-lo. Eu poderia exibir resultados que comprovavam a veracidade das minhas idéias. Mas ele hesitava até em investigar meu trabalho. Se tivesse vindo ver-nos trabalhar com ela, com a massagem delicada, os movimentos circulares das juntas e o lento e gradual estiramento dos músculos, poderia ter mudado de atitude.

Sabíamos que tínhamos de conseguir os suspensórios para Rivka de um jeito ou de outro. Mas não tínhamos idéia de como obtê-los. E a solução chegou-nos de surpresa. Channi, amiga de Vered, vivia na ocasião com duas outras mulheres, uma das quais, Tirza, assistente de produção de um programa de rádio semanal, estava muito interessada no trabalho que vínhamos realizando. Quando Tirza se ofereceu para entrevistar-nos na rádio, ocorreu-me que essa talvez fosse uma excelente maneira de angariar donativos para os suspensórios de Rivka. Eu queria que o público soubesse quão importante era para nós ajudar Rivka e outras pessoas como ela.

O tempo programado para a entrevista foi o ideal. Teríamos cinqüenta minutos na sexta-feira à tarde, logo depois que as pessoas voltassem do trabalho para casa, e antes de iniciar-se a programação noturna da televisão. Fez-se muita publicidade nos jornais, e tivemos razões para acreditar que cerca de meio milhão de pessoas ouviria a entrevista. A gravação do programa levou de cinco a seis horas mas, depois de reduzida a cinqüenta minutos, ficou muito diferente do que havíamos esperado. Os entrevistadores procuraram fazer sensacionalismo com o nosso trabalho. Tentaram criar uma espécie de documentário oficial, em lugar da entrevista informal e pessoal que, na realidade, lhes tínhamos dado.

Não obstante, o programa impressionou tão bem que atraiu a atenção de inúmeras pessoas. Juntamos mais do que o necessário para comprar os suspensórios, e boa parte dele veio da própria Tirza. Depois disso, o desenvolvimento de Rivka acelerou-se.

Para caminhar com os suspensórios, Rivka também precisava de muletas, o que exigia dela o fortalecimento dos braços. Estivera praticando, imaginando que suas mãos se erguiam no ar por si mesmas, sem esforço, e as imagens principiaram a surtir efeito. Ela sofrera antes de uma ausência total de função dos músculos deltóides dos braços. Agora esses músculos, mais grossos e mais fortes, lhe permitiam erguer os braços. Depois que conseguiu fazer o exercício e o praticou durante dois meses, nós lhe demos alguns "pesos" para levantar, primeiro uma toronja, depois um cantalupo. A essa altura, Rivka era capaz de trabalhar sozinha horas a fio, sem necessidade de nossos estímulos. Ao sairmos, ela continuava a fazer os exercícios e, quando voltávamos, ainda os estava executando.

Quando ela recebeu os suspensórios, passamos a levá-la a passeio antes do jantar; a seguir a convidávamos para comer conosco. No início, ela só conseguia dar uns quinze passos de cada vez, e eu tinha de carregá-la nos poucos degraus que separavam o nosso apartamento da rua. Rivka, porém, não demorou muito a descer os degraus sozinha, e logo a percorrer todo o quarteirão — várias centenas de metros — com os próprios meios. Eu costumava aconselhá-la a não comer batatas fritas, que ela adorava, especialmente as de uma mercearia perto de casa, onde se usava o mesmo óleo em diversas frituras. Mas um dia, depois que ela caminhou oitocentos metros até a mercearia, onde quase desmaiou devido ao esforço, cedi e comprei-lhe um saco grande de batatas fritas. Ela comeu-as com um prazer que mostrava saber estar merecendo um presente.

No início, ela sempre precisava que eu caminhasse a seu lado, para ajudá-la a manter o equilíbrio e prevenir-lhe a queda. Precisava também sentir minha segurança e meu apoio moral. Mais tarde, pôde andar sozinha dando volta ao quarteirão. Seu caminhar era lento e laborioso, mas, por dentro, ela planava no ar. Rivka começou a despertar como pessoa. Até então, completamente indiferente a si mesma, sentira-se inútil e desprezada. Agora, principiava a sentir-se como uma pessoa importante. De um período em que estivera quase de todo imóvel, passara a uma fase em que só podia dar alguns passos com a ajuda de suspensórios, ou caminhar de joelhos, para, afinal, sair pelo mundo com os dois pés.

Quase seis meses haviam decorrido desde a minha discussão com o ortopedista, e fazia três meses que ela recebera os suspensórios, quando seu caminhar melhorou sensivelmente, como se desse um salto. Ela conseguia andar oitocentos metros em vinte minutos, ao passo que, antes disso, teria levado hora e meia para fazer o mesmo percurso. O caminhar lhe fortalecera os músculos do joelho e reativara os músculos inferiores das costas, que tinham estado tão entorpecidos e contraídos que davam a impressão de ser carne morta. Tornou-se mais fácil para nós fazer girar e esticar suas pernas, do que resultou que os joelhos de Rivka se endireitaram até ficarem completamente no lugar. Rivka passou a usar os suspensórios por quatro ou cinco horas diárias, quando, antes disso, nunca fora capaz de usá-los por mais de meia hora.

Acima de tudo, os braços, antigamente paralisados, eram agora plenamente móveis e estavam se tornando mais fortes. Aumentamos gradativamente o peso, até chegar a nove quilos. Depois de usar os suspensórios por seis meses, ela já percorria um quilômetro e meio. Quando conseguiu realizar a proeza, trabalhou por aumentar a velocidade até poder percorrer essa distância em pouco mais de meia hora — tempo muito próximo da velocidade com que as pessoas não-deficientes a percorrem.

Um dos maiores triunfos de Rivka foi também o meu. Um dia, ela chegou atrasada a uma das sessões, acompanhada de uma irmã, que anunciou:

— Estamos atrasadas porque hoje tomamos ônibus. — E, dirigindo a Rivka um olhar de admiração e orgulho, rematou: — Vocês sabem, essa é a primeira vez que Rivka toma ônibus. Ela subiu sozinha os degraus.

Esforcei-me para impedir que as lágrimas me rolassem pelo rosto, mas meus olhos estavam úmidos. Carreguei Rivka escada acima, para que ela não precisasse fazer mais força, tirei-lhe os suspensórios e massageei-lhe os pés e as pernas, que tinham ficado tensos com o esforço. Eu exultava com a idéia da nova independência de Rivka. Ela era como um tímido passarinho que finalmente se soltara da gaiola.

Pensei no plano do ortopedista de quebrar-lhe as pernas. Nem por um momento ele acreditara que ela poderia recuperar-lhes a função, nunca esperara que ela desenvolvesse os músculos gastos, nunca imaginara que ela pudesse dar mais do que dois passos com os suspensórios. Ver Rivka voltar à vida era um sentimento que fazia o mundo inteiro voltar à vida para mim e para todos nós.

Vered me disse:

— Pelo visto, você deveria ter feito a aposta. Teria vencido.

Mas, com ou sem aposta, era manifesto que todo mundo vencera, não somente Rivka, não somente nós três, mas o próprio mundo vencera, diante do fato de haver agora uma criança aleijada a menos. Pois acredito profundamente que o sofrimento de cada pessoa interessa ao mundo inteiro e que o estado de todo o mundo se reflete na vida de cada indivíduo.

Parte II

Terapêutica de autocura

Capítulo 8

Problemas das costas

Nos últimos quinze anos vi mais de mil pessoas com muitos tipos de problemas nas costas, e a maioria mostrou notável melhora depois de aprender a executar os movimentos corretos. Em minha experiência, todos os problemas das costas podem ser enormemente aliviados ou completamente curados tomando-se consciência do modo como se desenvolveu a deformação, da execução dos exercícios apropriados, da respiração e da massagem, e através do reaprendizado do uso correto da espinha.

A maior parte dos médicos e profissionais de saúde acredita que os problemas das costas são causados por espinhas malformadas. Pois eu estou convencido de que a verdade é o contrário. A utilização incorreta das costas e do corpo é que produz as malformações da espinha. Quase todas as pessoas usam a totalidade das costas na execução de cada movimento, como se elas fossem uma entidade única e inflexível. Elas se compõem de vértebras independentes e grupos pequenos e separados de músculos. É natural e saudável usar as costas de modo flexível e não rigidamente. Se usarmos os músculos das costas para fazer o trabalho dos membros e de outras partes do corpo estaremos criando tensão inútil nas costas e rigidez desnecessária nos membros. O cérebro recebe a mensagem de que as costas precisam trabalhar quando, na verdade, não precisam, e a de que os membros não precisam trabalhar quando realmente precisam.

Ao examinar pela primeira vez alguém que tenha a espinha lesada, observo-lhe o modo de andar e, especialmente, se o andar é equilibrado. A andadura equilibrada requer o uso apropriado do exato centro físico do corpo, localizado na área que rodeia o umbigo. De acordo com a lei da gravidade, duas massas se atraem através dos respectivos centros. As pessoas estão ligadas ao centro da Terra pelo seu centro. Se uma pessoa se movimentar sempre a partir do próprio centro gravitacional, sua postura e sua espinha estarão retas e os movimentos do corpo perfeitamente equilibrados. Problemas com o desequilíbrio, as dificuldades na andadura e a tensão crônica nas costas surgem quando o "centro" do movimento se transfere do abdômen para outra região do corpo.

A fim de compreender esse conceito, imaginemos estar arremessando uma bola de beisebol. A força necessária para a ação provém, em primeiro lugar, do ombro. A energia, ou impulso, necessária para atirar congrega-se no ombro e é expelida, ao longo de todo o braço, para a mão e para a bola. Essa força move a bola. Assim funciona o centro. É o ponto focal onde se congrega a energia necessária para uma ação, e o ponto a partir do qual a energia se dirige para o resto do corpo. Está claro que a utilização do nosso centro físico como "centro" do movimento é a maneira mais fácil, menos enfática e mais "econômica" de nos movermos. Em muitas pessoas, porém, o "centro" do movimento foi transferido — em razão de padrões incorretos de movimento — para outra parte do corpo, como o peito, o pescoço ou os ombros. Quando isso acontece, o movimento se torna difícil, sem jeito e forçado, em lugar de ser fácil e natural. A energia necessária à sua execução será extraída de uma área que nunca teve por fim satisfazer a esse tipo de demanda, e o "centro" falso recebe a tensão sempre que se executa um movimento.

Para inúmeras pessoas, o centro do movimento localiza-se na parte posterior da cabeça. Os músculos e os nervos dessa parte da cabeça são chamados a dirigir e proporcionar o impulso e a energia do movimento ao corpo todo. Isso fará com que a cabeça seja lançada para a frente ou para trás, deixando a posição ereta normal, enrijecendo o pescoço e a espinha e impedindo a respiração plena. A tensão crônica na porção inferior das costas imprimirá a estas últimas uma distorção que as fará semelhantes a uma curva em S. A curva em S tornou-se tão comum que é considerada normal, embora seja, na realidade, a origem da maioria dos distúrbios da espinha. Acarreta o bloqueio da circulação e da inervação e produz nervos apertados e músculos tensos. A curvatura espinhal dessa ordem empurra a pelve para a frente, provocando cãibras na cavidade abdominal e interferindo na atividade dos órgãos internos. Limita a expansão dos pulmões e inibe a respiração completa. Miriam ensinou-me a localizar o "centro" de uma pessoa observando o modo como ela fica de pé. Se não ficarmos de pé e não andarmos de forma que todo o nosso peso seja distribuído de modo uniforme por todas as partes dos pés, ficaremos automaticamente "fora de centro", e o desequilíbrio se refletirá em todos os movimentos. Muitas pessoas caminham, de preferência, sobre os calcanhares, ou sobre a planta dos pés, ou sobre os dedos. A parte do pé que recebe a maior pressão determina a localização do centro da pessoa. Se eu caminhar predominantemente sobre os dedos, meu centro estará no pescoço ou na parte posterior da cabeça. Se eu despejar meu peso sobre a planta, meu centro se localizará no peito, obrigando a porção superior das costas a curvar-se nitidamente, o que, em alguns casos, provoca a formação de uma corcova ou de uma curvatura da espinha. O primeiro passo para corrigir tais problemas é a percepção mental. Eu mostraria à pessoa a parte do corpo que está sendo usada como centro, explicaria onde se encontra o centro real e, em seguida, a ensinaria a desenvolver uma percepção cinestésica do verdadeiro centro. Depois, faria com que ela visualizasse o centro e sentisse sua localização. Às vezes, a simples colocação das mãos sobre o abdômen e uma respiração profunda são suficientes. Eu lhe pediria que se conscientizasse das sensações de construção e tensão que acompanham um centro de gravidade mal colocado e as substituísse por uma sensação de expansão e leveza. E lhe diria que relaxasse a cabeça, o pescoço, o peito e, sobretudo, a parte do corpo, fosse ela qual fosse, que estivesse operando como "centro".

A segunda coisa que observo é o modo como o paciente se senta. Os que têm qualquer problema na espinha tendem a sentar-se com as costas e a cabeça inclinadas para a frente e com o peso dirigido mais para uma das nádegas. Em terceiro lugar, observo o modo como o paciente se deita numa superfície firme, se as costas estão relaxadas ou se a parte mais estreita das costas se encontra tensa, de modo que a parte inferior se curve para cima. Por meio dessas observações, posso dizer como se desenvolveram os problemas das costas da pessoa.

Quando examino um novo paciente com problemas na espinha, procuro localizar todos os pontos doloridos do corpo e os massageio até que deixem de doer. Alguns pontos indicam tensão muscular causada por falta de movimento. É provável que estes sejam os pontos em que se concentra a tensão emocional. Muitas vezes encontro locais extremamente tensos e doloridos de que o paciente só tem conhecimento depois que são tocados. É importante mostrar ao paciente como respirar livre e profundamente com o abdômen, de modo que as costas possam expandir-se e estar em contínuo movimento enquanto o paciente respira. Com o movimento constante, as costas terão poucas probabilidades de se tornar tensas e rígidas.

Meu primeiro paciente com problema nas costas foi um judeu francês chamado Gabi, que conheci por intermédio de Shlomo, na praia. Intelectual e filósofo, Gabi tinha uma visão das coisas extremamente pessimista; e era também um mulherengo compulsivo. Fora casado e divorciara-se seis vezes.

Raramente estava satisfeito com o que quer que fosse, e isso se lhe expressava na postura. Arrastava os pés ao andar e caminhava apoiando o peso nos dedos dos pés, dando a impressão de que o corpo era um fardo cujo centro ficava na parte posterior do pescoço, enquanto as costas se arqueavam continuamente e ele se cansava com freqüência.

Nós nos encontramos com intermitência durante dois anos. Sempre que eu trabalhava com ele, a massagem o relaxava e ele se sentia melhor por um ou dois dias, mas logo retornava à maneira habitual, pesada, de andar. O cérebro emitia as instruções familiares, e os músculos errados, os da porção inferior das costas, se envolviam desnecessariamente no processo da marcha. Isso lhe renovava as dores nas costas, e ele reiniciava o ciclo.

Aferrado aos seus modos, Gabi relutava em mudar.

Como inúmeras pessoas que não têm consciência das próprias dificuldades, continuava a utilizar uns poucos músculos sobrecarregados de forma forçada e tensa, enquanto permanecia inconsciente do fardo que o corpo representava para ele. A massagem relaxava-o e ajudava-o a respirar melhor, mas ele nunca se exercitava sozinho para reforçar as melhoras. Gabi era alguém que eu desejava ter podido ajudar de uma forma mais profunda, mas que, na realidade, não queria se recuperar.

Um homem chamado David veio me procurar depois de assistir a uma conferência que pronunciei sobre visão. Ele acreditava na medicina preventiva e odiava os médicos, pois suas drogas e cirurgias não o haviam ajudado a solucionar os problemas das costas.

David morava numa cidadezinha portuária perto de Tel Aviv e trabalhava para a companhia telefônica. Era alto, mas os ombros arredondados e a postura curvada mostravam quanto se sentia fraco e pequeno. Sua espinha revelava uma pronunciada curva em S, e as pernas e o estômago eram muito tensos. A principal fraqueza residia no meio das costas, entre as vértebras lombares e as torácicas. Esta mostra-se em geral uma área fraca nas pessoas de escasso amor-próprio. Animado pela minha conferência, David enxergou em mim o triunfo de alguém que poderia ter permanecido impotente e fraco, mas lutara para que isso não acontecesse. Também se imaginava capaz de superar a própria deficiência.

Ensinamos a David uma série de movimentos suaves para relaxar-se e ativar levemente cada junta e cada músculo das costas. Ensinamos a sentar-se e a ficar em pé de forma apropriada. O melhor exercício era um de visualização, que ele fazia depois da massagem e dos movimentos preliminares. Deitado de costas com os olhos fechados, imaginava a cabeça muito pesada — na verdade, presa à mesa —, as pernas também muito pesadas e a espinha perfeitamente estendida sobre a mesa, puxada para baixo pelo próprio peso. Depois de experimentar essa carga por algum tempo, David se imaginava destituído de peso, o que lhe dava a sensação de poder flutuar. Em seguida, deitava-se sobre o lado, enquanto eu lhe massageava os ombros e lhe pedia que me imaginasse massageando cada vértebra. Ao visualizar isso, ele sentia os músculos das costas se desatarem e se relaxarem. Às vezes, a imaginação é mais eficaz do que a própria massagem para relaxar músculos rígidos. Eu lhe tocava cada parte do corpo — a testa, o crânio, a parte posterior da cabeça, as faces, o pescoço, e assim por diante. Deixava minha mão em cada uma dessas partes, dizendo-lhe:

— Tenha consciência desta parte. Como a sente? Entre em contato com ela... que sensações está experimentando?

Isso o ajudava a contatar o corpo, do qual se havia desligado.

A seguir, pedi a David que tomasse consciência de toda a dor emocional armazenada nos músculos do peito e sentisse a tensão que carregava no diafragma, sob as omoplatas, no plexo solar, na caixa torácica e na porção inferior do abdômen, e imaginasse o abdômen a princípio vermelho e, logo, branco, como se o vermelho estivesse sendo entornado dentro dele e depois escorresse de novo para fora. Pedi-lhe que notasse a relação entre os dedos das mãos e os dos pés e pensasse no modo como o corpo os entreliga. Em seguida, imaginava o sangue afluindo com ímpeto para as pernas, das pernas para os dedos dos pés e, finalmente, das pernas até o estômago, a caixa torácica, os ombros e os braços.

Depois de praticar esse exercício, David tinha sempre a impressão de haver-se livrado de um fardo pesado. Conscientizando melhor a própria tensão, aprendia também o modo de relaxar. Arrostava todos os obstáculos que a vida lhe antepunha e podia agora dirigir a energia liberada para uma existência mais saudável. Aprendeu a notar, astuto, a tensão no momento em que ela aparecia, e operava como terapeuta de si mesmo, aliviando-a. Volvidos apenas seis meses, David adquiriu tanta confiança e tanta experiência que já não precisava procurar-nos.

Conheci o general Shadmi num dia de verão, durante o meu intervalo da tarde. Em Israel, a maioria das pessoas faz uma pausa no trabalho entre as duas e as quatro horas da tarde, quando o calor se torna quase insuportável. Danny acabara de preparar o almoço para nós. Nosso almoço sempre começava com uma imensa fatia de melancia, que eu comprava todos os dias de um homem que as vendia numa carroça puxada por um cavalo. Naqueles dias eu teria sido capaz de comer sozinho várias melancias.

Mas quando estava a ponto de levantar-me para ir almoçar, alguém entrou porta adentro. Um homem alto, de cabelos grisalhos, de certa idade, que me cumprimentou polidamente, dizendo:

— Como vai? Sou o sr. Shadmi. O senhor é Meir Schneider? Acabo de falar com Noam, o professor do método Alexander. Estávamos discutindo uma cirurgia dos olhos a que devo submeter-me, e ele sugeriu que eu o procurasse antes de ir para a mesa de operações.

— Que cirurgia o senhor está pretendendo fazer? — perguntei.

— Uma operação para corrigir o olho esquerdo. Está vendo como ele se vira para dentro?

Aproximei-me dele e examinei-lhe o olho; este virava, de fato, nitidamente para dentro, como se estivesse tentando olhar para o nariz. Não lhe era possível virá-lo e olhar para o meu dedo. Em seguida, focalizei uma lâmpada nos olhos dele e estudei-os, notando pontos vermelhos no branco dos olhos, o que indicava que estes últimos se achavam sob grande tensão.

— O senhor tem algum problema no sexto nervo craniano? — indaguei.

— Tenho — assentiu ele.

— Bem, creio que se pode dar um jeito nisso sem cirurgia — afirmei.

— Seria maravilhoso — volveu o sr. Shadmi. — Eu faria qualquer coisa para evitar outra operação.

Nas nossas primeiras sessões ensinei-lhe o *palming*, o *sunning*, o *shifting* e o piscamento, os exercícios básicos dos olhos. Pedi-lhe que falasse sobre si mesmo e sobre o que lhe causara o problema da vista. E ele me contou:

— Aconteceu quando eu estava no exército. Eu patrulhava de helicóptero as colinas de Golan, durante a guerra do Yom Kippur. Fui atacado e derrubado, e meu corpo quase cortado pelo meio. O choque da queda lesou meu sexto nervo craniano. Depois que caí, peguei minha metralhadora de mão e atirei nos árabes, e o resultado foram sete costelas quebradas. Os médicos só me deram quarenta por cento de probabilidade de sobrevivência, mas eu me recuperei. Fiz fisioterapia intensiva e, depois, alguém me sugeriu que procurasse um professor de Alexander. O trabalho de Alexander foi o que realmente me salvou a vida. Todas as noites, depois do trabalho, deito-me no sofá com os joelhos para cima, encosto a cabeça num travesseiro duro, fecho os olhos e concentro-me em estender as costas, especialmente a parte inferior, e relaxar os músculos. E quando me relaxo, sinto as vértebras ocuparem cada qual o seu lugar. Tenho a impressão de que não poderia continuar vivendo sem isso.

Era evidente que, embora tivesse vindo procurar-me expressamente por causa dos exercícios dos olhos, o sr. Shadmi necessitava, com a mesma urgência, de trabalho para o corpo. Era tão rígido que achava difícil até o *palming,* pois não podia inclinar-se para a frente enquanto estava sentado. Qualquer movimento que exigisse a inclinação das costas para a frente era-lhe muito penoso.

O acidente de helicóptero, que lhe rompera o nervo craniano, fraturara-lhe a pelve também. Uma excelente intervenção cirúrgica consertara quase toda a bacia, mas deixara as costas quase imóveis. Duas vértebras se haviam fundido na parte inferior das costas. Para amarrar os sapatos, ele precisava levantar os pés a uma altura em que pudesse alcançá-los facilmente com as mãos, pois não podia curvar-se para a frente. Sentia, amiúde, dores atrozes.

Massageei-lhe as costas até relaxá-las um pouco, depois lhe pedi que se deitasse de bruços, dobrasse um joelho e movesse a parte inferior da perna imprimindo-lhe um movimento rotativo. Ele tentou fazê-lo, mas não conseguiu executar suavemente a movimentação necessária; a perna movia-se de maneira espasmódica, com pequenos tiques abruptos. Pedi-lhe, então, que, em vez disso, imaginasse estar fazendo o movimento, e até em sua imaginação a perna se movia aos trancos e se crispava. Depois de visualizar, ele tentou movimentar-se outra vez e constatou que podia fazê-lo melhor do que antes. A seguir, repetiu a visualização e descobriu-se capaz de visualizar a execução do movimento de maneira muito mais suave. Os exercícios de visualização mostram quanto os estados físico e mental de uma pessoa se refletem um no outro.

Depois disso, o sr. Shadmi verificou que a perna e, em menor escala, o corpo todo, estavam mais leves. Sentia-se também mais flexível, capaz de dobrar ligeiramente a perna para trás, deixando a panturrilha mais próxima da coxa e mostrando que a porção inferior das costas se relaxara um pouco. Ao cabo da terceira sessão, a flexibilidade do sr. Shadmi aumentara tanto que ele já conseguia inclinar-se para a frente e amarrar os sapatos. Sorrindo, disse:

— Bem, para mim, é a volta à vida normal. Já posso realmente amarrar os sapatos. É um milagre.

Os exercícios que haviam realizado a proeza destinavam-se a afrouxar a pelve, e ele executava a maioria deles deitado de costas. Dobrava um joelho e passava-o sobre o corpo a fim de tocar o chão do outro lado, depois o dobrava e estendia para fora, do seu próprio lado. Puxava um ou os dois joelhos para o peito e imprimia-lhes um movimento rotatório com as mãos. Esses exercícios lhe reduziram enormemente a tensão na parte inferior das costas.

O trabalho com o professor de Alexander ensinara-o a relaxar, a liberar os músculos e aprimorar a postura, e aumentou a eficácia do seu trabalho comigo. O método de Alexander foi um dos primeiros métodos de trabalho corporal reconhecidos que se criaram no Ocidente. F. M. Alexander, ator e cantor australiano, perdeu a capacidade de representar devido à voz cronicamente rouca e ao dorso arqueado. Enquanto tentava superar esses problemas, mirou-se, um dia, ao espelho e compreendeu que não tinha nenhuma noção cinestésica de sua postura — as costas lhe pareciam retas quando, na verdade, eram curvas, e vice-versa. O resultado foi que ele elaborou um método de dar instrução mental aos músculos, dizendo-lhes que se tornassem longos e macios, melhorando a própria postura, ensinando o pescoço a tornar-se mais comprido e a espinha a aplanar-se. Todos os métodos de trabalho corporal visam a fazer o mesmo, de um jeito ou de outro: relaxar músculos, aumentar a flexibilidade e a consciência da região em que ocorrem a tensão e os bloqueios. Muitos também repetem a afirmativa de Alexander de que a tensão do terapeuta pode transferir-se para o paciente.

Conquanto o sr. Shadmi executasse bem os exercícios de respiração e estiramento, era muito dispersivo no tocante à execução dos exercícios para os olhos e relutava em fazer outras mudanças sugeridas por mim, como alterar a dieta. Decidi, por fim, deixar de ensinar-lhe exercícios para a vista, que seriam inúteis sem sua cooperação. Entretanto, continuei a aconselhá-lo a não fazer a cirurgia dos olhos, que, de qualquer maneira, não poderia corrigir-lhe completamente o problema e deixaria as coisas mais difíceis para ele se, algum dia, decidisse tratá-los seriamente.

Só com muita dificuldade esse homem ocupado encontraria as horas de que precisava para cuidar intensamente dos olhos. Como a maioria das pessoas, mostrava-se mais disposto a dedicar seu tempo ao trabalho ou a outras pessoas do que a si mesmo. Mas se considerarmos todas as coisas, seu progresso foi notável. Depois de oito sessões, já podia curvar-se para a frente e tocar o chão, em conseqüência, sobretudo, das massagens. Certo dia, veio me procurar depois de ter-se quedado sentado, num banco, ao relento, durante horas, ouvindo um concerto. Sentia-se tão rígido como no primeiro dia em que viera me ver, e supunha que precisaria de algumas sessões para compensar o dano. Entretanto, com apenas cinco minutos de massagem intensiva, conseguiu ficar de pé, inclinar-se para a frente e tocar os dedos dos pés, sem esforço e sem dor.

O sr. Shadmi contou-me que tencionava continuar fazendo exercícios pelo resto da vida. Apreciava muitíssimo a nova flexibilidade, a respiração aprofundada, o aumento de energia e a capacidade de relaxamento. Espero que, algum dia, ele decida fazer tudo até o fim, trabalhe por melhorar os olhos, assim como as costas, e aprenda a não regatear as horas de que precisa para cuidar do corpo.

O sr. Shadmi é uma pessoa moderna típica. Nós trabalhamos literalmente até a morte. Como militar, trabalhara dezoito horas por dia; agora, como diretor de uma companhia de eletricidade, trabalha treze. Ele seria incapaz de tirar um tempo do trabalho para dedicar à saúde e, muito menos, para divertir-se. A pressão continua.

A ironia consiste em que, se uma pessoa reservar tempo para tratar de si mesma, as tensões oriundas das pressões da vida e do trabalho se tornarão muito mais fáceis de enfrentar. Elas não se vão, mas a pessoa exercerá muito melhor suas atividades se estiver relaxada e se sentir forte e capaz. Geralmente, realiza mais de maneira mais bem sucedida. É difícil, porém, convencer pessoas como Shadmi, que dão a vida pelo trabalho, pela família, pelos amigos e pelo país, mas que não encontram uma hora sequer por dia para si mesmas.

Foi essa mentalidade que nos separou, como indivíduos, da fonte interior profunda da vida. Eis aí um grande paradoxo: sacrificamos nossa vida a fim de ganhá-la. Escravizamo-nos à nossa ronda incessante de atividades. É isso viver? Precisamos de tempo para encontrar e desenvolver os recursos interiores e, a seguir, trazê-los ao trabalho e à interação com outras pessoas. Tudo o que fazemos deveria ser parte do desenvolvimento e um passo a mais na jornada de autodescobrimento. Nesse caso, nada se faz mecanicamente, senão com um novo significado.

Creio que o corpo é o melhor lugar para começar, pois é a parte central da identidade de cada pessoa. Se o corpo for encarado com reverência e cuidado, essa atitude poderá ser estendida a todo o eu. Precisamos aprender que somos mais importantes do que o trabalho, e os cuidados que dispensarmos ao corpo poderão treinar-nos nessa atitude. Não devemos permitir que nada deixe tensos os nossos músculos, ou nos distorça a espinha, ou restrinja a nossa respiração, ou maltrate os nossos olhos. E devemos aprender a dar-nos valor desde a mais tenra idade, pois é difícil para um adulto modificar os hábitos de uma vida inteira.

A qualidade de vida não é tão importante quanto a própria vida?

Um dia, recebi um telefonema de um homem chamado Yosef, que me contou que sua esposa, Naomi, acabara de tentar carregar os dois gêmeos do casal e sua espinha se travara, de modo que ela não conseguia mover-se. Yosef veio até o centro buscar-me e nós percorremos trinta quilômetros para chegar à sua casa. Quando chegamos, vi o medo estampado no rosto de Naomi. O medo e a dor eram inseparáveis. Ela me disse apenas:

— Não posso mexer-me.

Estava completamente convencida disso. Entretanto, fiquei sabendo que ela fora capaz de ir sozinha ao banheiro e voltar. Isso lhe causava dor, mas, por se tratar de uma necessidade, conseguira fazê-lo. A idéia, porém, de mudar de posição e, estando deitada de costas, deitar-se de lado, como eu lhe pedira que fizesse, parecia-lhe impossível.

Naomi sentiu um grande alívio ao dar-se conta de que havia lá alguém para ajudá-la. Principiei massageando-lhe o pé e, depois que ele se relaxou um pouco, passei a massagear-lhe a perna e o abdômen, tocando-a sempre com delicadeza e cuidado. Sua respiração, quase imperceptível a princípio, foi-se aprofundando à medida que eu trabalhava. Em seguida, massageei-lhe a outra perna desde o pé até o abdômen, e, embora a dor continuasse, ela quase esquecera que não podia mover-se. Deitou-se de lado, para que eu pudesse trabalhar na bacia e nas cadeiras. Depois de uma hora, deitou-se de bruços e pude trabalhar nas costas.

A porção inferior das costas estava tão dura que os músculos contraídos pareciam feitos de pedra. Na região lombar três vértebras se diriam quase fundidas. Senti facilmente os efeitos estruturais da tensão muscular. Depois de três horas, Naomi sentiu-se mais solta e sua respiração aprofundou-se naturalmente. Ao cabo da sessão de três horas, sentou-se, embora com muita dificuldade. Sentiu um pouco minorada a dor constante, mas eu sabia que ela não levaria muito tempo para tornar a experimentá-la.

Já caíra a noite quando o marido de Naomi me levou de volta para casa. Exausto da sessão, fui direto para a cama. Mas meu sono doce e confortador foi logo interrompido por outro chamado de Yosef. Eram duas horas da manhã. Ele desmanchou-se em pedidos de desculpa, mas contou-me que Naomi estava sentindo dores muito fortes outra vez e pediu-me que fosse vê-la. Concordei, mas ferrei no sono imediatamente. Uma hora depois, fui redespertado pelas suas batidas à minha porta. Muito nervoso, Yosef fumava sem parar e dirigia como um doido. Ao chegar à sua casa, fui ver Naomi e encontrei-a novamente deitada de costas, com o rosto rígido de medo.

Pedi-lhe que se concentrasse no couro cabeludo. Eu queria que ela se relaxasse por meio de um demorado processo de visualização. Pedi-lhe que pensasse nas raízes dos cabelos e na pele que os cercava, e que deixasse a pele relaxar-se. Em seguida, pedi-lhe que imaginasse sua respiração enchendo o crânio e imaginasse o crânio enchendo-se de oxigênio nutritivo. Naomi percebeu que estava deixando tenso o couro cabeludo, e principiou a soltá-lo. Quando se concentrou na respiração, esta se aprofundou significativamente.

Massageei-lhe suavemente os dedos do pé, a fim de relaxá-lo um pouco. Depois de vinte minutos de massagem, pude tocá-lo com firmeza. Naomi respirava tão profundamente que sentia a porção inferior das costas expandindo-se a cada inspiração. A tensão no pé estava ligada à tensão em torno das vértebras comprimidas. Pude sentir no pé de Naomi a dor que ela experimentava em todo o corpo. Pouco a pouco, teve consciência da origem da dor — a tensão nos músculos do segmento inferior da espinha. À proporção que Naomi respirava fundo, seus músculos se relaxavam bastante e, quando isso acontecia, a dor diminuía. A dor era tão emocional quanto física. Sentimentos de impotência, incapacidade, solidão e impossibilidade de comunicar-se são comuns a pessoas com problema na espinha.

Pude, então, mover-lhe as pernas para os lados, separando-as uma da outra, e para cima, sem machucá-la. A movimentação das pernas aumentou a circulação da porção inferior das costas, ainda tão tensa que eu não podia tocá-la. Quando pedi a Naomi que focalizasse sua atenção naquela área, a dor foi insuportável; pedi-lhe então que, ao invés disso, visualizasse as mãos e os pés e lhes experimentasse as sensações. Esse tipo de concentração tende a relaxar a área e a aumentar a circulação, não só da área, mas do corpo todo. Massageei-lhe as panturrilhas enquanto ela estava deitada de costas, liberando muitos pontos de tensão nos músculos. Trabalhei nos joelhos, um de cada vez, nas coxas e, em seguida, no abdômen.

Eram cinco horas quando comecei a trabalhar no abdômen. Pouco depois, olhei pela janela e vi a primeira luz avermelhada da manhã apontando no horizonte. E disse a Naomi:

— Já é de madrugada. O sol está começando a aparecer. Eu gostaria de poder sair e respirar um pouco.

Ela sorriu ligeiramente. Estava sentindo algum alívio da dor naquele momento, e disse:

— Eu também gostaria de poder sair!

E suspirou.

Ela não podia olhar pela janela, que ficava na parede atrás da cama. Instantes depois eu disse:

— A aurora está ficando mais brilhante, e umas nuvens leves estão se movendo no céu.

Sua respiração aprofundou-se enquanto ela ouvia minha descrição; relaxando-se, pôde rolar para o lado. A primeira luminosidade vermelha, que apenas penetrara o cinzento da aurora, foi aumentando cada vez mais, até que, superando a escuridão, iluminou todo o céu matutino. Vendo-a através dos meus olhos, Naomi tornou-se parte dela. O belo arrebol renovou-nos. Naomi pôs-se a respirar cada vez mais fundo, e a dor diminuiu. O céu estava quase claro quando a dor, afinal, a deixou de todo.

— O momento da aurora é sagrado — disse Naomi.

Medrosa, mas sem dor, sentou-se e, logo, descobrindo que isso não lhe causava dor, levantou-se lentamente da cama e deu três passos sem retesar nenhum músculo. No quarto passo, as costas se contraíram de repente, e ela quase caiu, mas eu a segurei. Mostrei-lhe que os músculos das minhas costas também se retesariam se eu os forçasse a participar dos movimentos da andadura e se quedariam soltos e relaxados se eu não os forçasse. Ela viu como as diferentes maneiras de andar influíam nos músculos das costas e imediatamente percebeu que o mesmo processo ocorria com ela. Depois disso, andou sem usar nem retesar os músculos das costas. Naomi deu uma volta ao redor da cama e ficou em pé comigo à janela.

— Este é o mais bonito nascer do sol que já vi, Meir — disse ela gentilmente.

Todas as minhas horas de trabalho tinham valido a pena.

Continuei a ver Naomi regularmente durante um ano e, ao termo desse tempo, ela estava completamente boa. Sua disposição para ver a causa do problema e aprender um novo modo de ser possibilitou-lhe a cura.

Capítulo 9

Artrite

A artrite é uma doença em que a cartilagem, a parte de tecido conjuntivo que serve de almofada para as juntas, é progressivamente destruída. Existem três tipos de cartilagem: a hialina, a fibrosa e a elástica. A cartilagem hialina é uma substância mole, esponjosa, imersa no fluido sinovial, que permite aos ossos moverem-se com facilidade nas articulações e também absorve o impacto do movimento. A cartilagem fibrosa é mais dura do que a hialina, e a cartilagem elástica é quase tão dura quanto o osso. À proporção que a artrite progride, a cartilagem desaparece ou se torna fibrosa e, depois, elástica. Sem uma cartilagem esponjosa para protegê-los, os ossos começam a esfregar-se uns nos outros na articulação e, finalmente, se desgastam, enquanto a própria articulação (que nada mais é do que um espaço entre os ossos) desaparece. O movimento, naturalmente, torna-se cada vez mais doloroso e difícil.

A artrite é acompanhada, e talvez causada, por uma redução da circulação, e a falta de movimento resultante da artrite reduz ainda mais a circulação. Fluidos que normalmente seriam dispersados pelo sangue permanecem presos na articulação, causando inchaço e inflamação — o que, por sua vez, reduz o movimento, desencadeando um ciclo realmente vicioso.

Existem dois tipos principais de artrite, a osteoartrite e a artrite reumatóide. A osteoartrite ataca diferentes juntas seguindo um padrão mais ou menos casual, ao passo que a artrite reumatóide é uma condição sistêmica causada por um colapso do sistema de imunização, no qual as células brancas do sangue atacam e destroem a cartilagem.

O toque sensitivo é particularmente importante no tratamento da artrite. Uma variedade de técnicas de massagem e movimentos delicados estimula o fluxo sanguíneo e ajuda a dispersar os fluidos acumulados, reduzindo o inchaço e amolecendo a cartilagem. O terapeuta precisa sentir exatamente a capacidade de movimento das articulações. Esses movimentos delicados devem ser repetidos muitas vezes com extremo cuidado, paciência, atenção e respiração profunda, a fim de promover a circulação do sangue nas articulações. São essas as chaves da cura da artrite.

Durante meu último ano em Israel, o dr. Raison, da Sociedade Vegetariana, enviou-me uma paciente portadora de artrite chamada Rachel. Ela chegou apoiada a uma bengala e assistida pelo marido. Com mais de quarenta anos, Rachel parecia infeliz e destroçada pela dor. Ao ver-me, disse:

— O senhor é muito moço. Mas, já que foi recomendado pelo dr. Raison, tudo bem.

Brincamos a respeito disso, e ela pareceu pronta a experimentar o tratamento.

Rachel fora atacada pela artrite dois anos antes e, durante um ano, a doença lhe afetou todo o corpo. Em seguida, concentrou-se num dos joelhos, cujo inchaço o fazia duas vezes maior do que o outro. A maioria dos pacientes de osteoartrite tem joelhos inchados, mas o de Rachel era o pior que eu já encontrara.

Um dos médicos de Rachel lhe recomendara a extração do fluido do joelho, mas o dr. Raison opôs-se a essa medida com veemência. Ela ficou totalmente perturbada e implorou-lhe que a internasse num hospital para poder drenar o fluido. Raison, porém, foi inflexível:

— Isso seria a pior coisa que a senhora poderia fazer. Correria o risco de adquirir uma infecção, ou até um envenenamento do sangue.

— Então, dê-me tranqüilizantes, por favor — suplicou ela. — A dor é tão forte que mal consigo dormir uma hora durante a noite.

— Não, a senhora não deve tomar tranqüilizantes. Mas há uma coisa que posso recomendar-lhe.

E sugeriu a nossa terapia, associada a uma dieta rígida de frutas frescas no almoço e apenas sementes de gergelim, *tahini* (manteiga de gergelim), alface e pepino no resto do dia.

— Essa dieta é insuportável — lamentou-se ela. — O *tahini* tem gosto de barro, e as sementes de gergelim são amargas. Todos esses vegetais dia após dia!...

Relutei em criticar um regime prescrito pelo dr. Raison, mas a ansiedade que ele produzia na paciente parecia contraproducente.

Comecei massageando as costas de Rachel. Nem sequer lhe toquei no joelho. E principiei a mostrar-lhe como se respira profundamente, dizendo-lhe que visualizasse uma cor de sua preferência. Depois de quarenta e cinco minutos de respiração profunda, visualização e massagem, ela ficou mais relaxada, e o joelho um pouco mais móvel. Nessa noite, dormiu três horas. Depois, por vários meses, Danny encarregou-se do tratamento. De nós três, era quem possuía o toque mais suave. Com Danny apertando e dando pancadinhas delicadas na área inchada, a circulação de Rachel começou a melhorar, e a dor e o inchaço do joelho diminuíram. Ela, que fora incapaz de dormir mais de uma ou duas horas por noite, dormia agora seis ou sete. Rachel confessou a Danny:

— Estou começando a me sentir gente de novo.

Depois que Rachel foi tratada por Danny durante quatro meses, recomecei a cuidar dela. Os exercícios respiratórios eram-lhe utilíssimos. Ela visualizava o ar entrando nas articulações ao respirar. Após mais dois meses, Rachel já não precisava de tratamento algum. Dei-lhe inúmeros exercícios para ela praticar sozinha, incluindo rotações do pé, movimentos do joelho e automassagem. Seis meses depois, a artrite se tornara imperceptível.

Meu trabalho com pacientes de artrite mostrou-me que essa enfermidade pode melhorar sensivelmente com a simples movimentação, lenta e cuidadosa, das articulações, todos os dias, por várias horas. Se isso for feito religiosamente, o processo não requer mais que um ano ou dois. Rachel estava disposta a devotar-se à tarefa de dar cabo da moléstia, e conseguiu-o.

Dois dos êxitos mais espetaculares que tive no tratamento da artrite ocorreram anos depois, quando estabeleci minha clínica em San Francisco, nos Estados Unidos.

Uma das pacientes era uma bela mulher de cabelos escuros, chamada Eileen. Teria trinta e poucos anos quando contraiu, ao mesmo tempo, asma e artrite reumatóide. Tomava doze aspirinas por dia por causa da dor, constante e atroz. Um médico que também praticava acupuntura ajudara-a debelar a asma, porém a artrite não fazia outra coisa senão agravar-se.

Eileen não podia sequer abotoar a blusa ou entrar e sair da banheira. Seus passos eram lentos e arrastados, e seu estado foi se deteriorando tanto que, frustrada pela dor e pela imobilidade, ela se tornou apática em relação a tudo, até ao filho de quatro anos de idade. Só desejava ficar deitada, imóvel, sem ver ninguém. Seu médico lhe disse que ela só poderia esperar, dali por diante, maior e mais acentuada deterioração.

Eileen tinha duas amigas que, tendo sido minhas pacientes, tentaram persuadi-la a consultar-me, mas ela se recusou a pensar no assunto. Finalmente, o *roshi* (monge principal) da comunidade zen-budista em que ela vivia insistiu com ela, e Eileen apareceu no consultório, deprimida e pessimista. Resistindo sempre, relutava em modificar-se.

Eu lhe disse, no correr da primeira sessão, que a deixaria completamente curada da artrite, mas ela não acreditou. O inchaço e a rigidez dos dedos das mãos, a dor constante nos dedos dos pés, onde a artrite começara, os tornozelos e joelhos inchados e duros, os quadris imóveis e a espinha rígida, o peito congestionado e a dor intolerável no pescoço e nos ombros contradiziam tudo o que eu pudesse dizer. Ela arrastava os pés, mal respirava e mal se movia.

Dali a um mês, Eileen e eu chegamos a um impasse. Sua recusa em cooperar era muito frustrante para mim. Principiei a achar que a doença a impressionava mais do que devia. Como se ela cooperasse com a artrite com o propósito de destruir-se. Isso me deixou extremamente irritado. Quando Eileen se arrastou para o consultório na sexta sessão, seu andar esava pior que nunca. Mandei-a ficar de pé no meio da sala, erguer a perna e descansá-la numa cadeira que eu ali colocara. Ela levou vários minutos para fazer o que eu lhe ordenara, e a perna tremia como se fosse sacudida por espasmos. Em seguida, disse-lhe que fizesse o mesmo com a outra perna, e ela encontrou ainda maior dificuldade em seguir minhas instruções. Depois pedi-lhe que erguesse a perna e a fizesse passar por cima do espaldar da cadeira, e ela o fez muito devagar, interrompendo-se para descansar o pé no assento da cadeira ao descer a perna.

Depois que Eileen terminou o exercício com a outra perna, mal contive minha fúria.

— Se você pode passar a perna sobre uma cadeira dessa altura, por que não pode andar sem arrastar os pés? Quando ando, ergo os joelhos. Se eu travasse os joelhos e andasse como você, sofreria de artrite também. Não admira que sua cartilagem esteja estragada. Pare de arrastar os pés!

Eileen ficou visivelmente abalada com o meu tom de voz.

— Você ainda pensa que pode fazer alguma coisa por mim? — perguntou ela.

— Isso depende da sua disposição para cooperar. Se você, algum dia, voltar a caminhar desse jeito, deixarei de tratá-la.

Depois dessa sessão, Eileen começou a trabalhar com afinco para aprender a caminhar sem arrastar os pés. Reduziu também a ingestão de aspirinas, e a dor e o inchaço dos joelhos diminuíram. Mesmo sendo difícil, pôs-se a erguer os joelhos ao caminhar, aliviando o fardo da pressão sobre eles, e a coordenar os passos com o movimento dos braços. Logo se tornou manifesto que a intumescência dos dedos dos pés, dos tornozelos, dos joelhos e das mãos estava se reduzindo. Conquanto ainda se sentisse desalentada, Eileen não pôde deixar de notar o progresso e compreender que precisava aprender a movimentar-se corretamente.

Dei-lhe instruções para imprimir a cada articulação do corpo, incluindo as de cada dedo da mão e do pé, movimentos laterais e rotativos. De início, foi-lhe muito difícil fazê-lo sem longas sessões de massagem, realizadas duas vezes por semana. Quando trabalhava sozinha, no entanto, respirava primeiro profundamente por alguns minutos e visualizava cada articulação em movimento, expandindo-se quando inspirava e contraindo-se quando expirava. Dessa maneira, trabalhou, ao mesmo tempo, o corpo e o seu conceito mental do próprio corpo. Ela contava cem respirações profundas e, a cada uma delas, "enviava" o oxigênio para uma articulação diferente. Lidava primeiro com as articulações menos afetadas — as costas, os quadris, os cotovelos e as mãos —, fazendo girar, curvando, abrindo e fechando as mãos. Os dedos dos pés e os tornozelos eram os mais severamente castigados, os primeiros a mostrar sinais de dano e os últimos de que ela devia cuidar. Um dos tornozelos estava tão fraco que ela, na verdade, andava melhor sobre ele quando inchado, usando a tumefação como apoio! Para trabalhar com esse tornozelo foi-lhe preciso, primeiro, reduzir o inchaço, o que fez indo à praia e caminhando no raso. A água fria não somente reduziu o inchaço, mas também aumentou a circulação na área, tornando mais fácil para ela movimentar o tornozelo e, assim, fortalecê-lo.

À medida que Eileen continuava a melhorar, lenta mas firmemente, continuei a chamar-lhe a atenção para inúmeros erros que cometia em seus movimentos, desde o modo como caminhava até a forma de vestir e despir o casaco. Andara forçando em demasia uns poucos músculos, e minhas críticas e brincadeiras ajudaram-na a dar-se conta disso.

Muito inteligente, Eileen diplomara-se em psicologia e estava estudando meditação zen. Ao mesmo tempo, nela se travava um sem-número de conflitos emocionais. Nutria grande ressentimento contra o pai, que a maltratara quando criança, e contra o *roshi* zen, que se tornara uma figura paterna para ela. Sentia-se dividida entre o desejo de submeter-se a uma autoridade e uma independência e rebeldia veementes. O conflito deixava-a paralisada e lhe afetava até o sistema de imunização, fazendo com que as células brancas do sangue lhe atacassem e destruíssem a cartilagem. Essa é a principal característica que diferencia a artrite reumatóide da osteoartrite.

Eileen foi-se aborrecendo cada vez mais com as minhas críticas. Um dia, quando comecei a mexer com ela, em vez de responder verbalmente, como costumava fazer, reagiu fisicamente. Começamos a lutar, e eu me certifiquei de que todas as articulações de seu corpo se moviam. Ergui-a até a rede de acrobacia do nosso consultório, enquanto ela me desferia golpes com toda a força de que dispunha, utilizando, no processo, quadris, joelhos, ombros e pescoço. Outro paciente que assistiu ao entrevero disse, mais tarde:

— Não estou certo de que a briga seja terapêutica, mas é evidente que Eileen melhorou muito depois disso.

Eileen também apreciara o valor terapêutico do nosso "exercício", mas, na verdade, tentara surrar-me. A luta liberou parte de seu ressentimento contra mim e transformou-o em energia construtiva. Recobrou, cada vez mais, a vitalidade e começou a parecer mais atraente e a preocupar-se com as pessoas que viviam à sua roda. Até a sua atitude para comigo se relaxou, e achei que já chegara o momento, para ela, de principiar realmente a cuidar de si mesma.

Além das atividades que lhe impunha a dupla carga de mãe que trabalha fora, Eileen começou a fazer duas horas de exercícios todos os dias, movimentando cada articulação do corpo. Colocou nos exercícios todo o seu ressentimento, que passou a ser a força motriz de sua vida, e, efetivamente, voltou a viver. Da apatia extrema passou a experimentar sentimentos fortes e vitais. Um dia, enquanto fazia compras, notou que já não lhe demandava muito esforço carregar os pacotes, e isso fê-la compreender que ia recuperar-se. Principiou a relaxar-se pela primeira vez desde que ficara doente.

O passo seguinte de Eileen foi usar a rede de acrobacia a fim de desatar as articulações e vencer o medo do movimento. Como a rede oferece menor resistência do que o chão comum, a pessoa salta sobre ela quase sem esforço. De início, Eileen tinha medo de cair, de forma que se sentava e saltava com as nádegas, para depois erguer-se e saltar com os pés. Em seguida ajoelhava-se e saltava, primeiro com os joelhos e depois com os pés. Cada vez que fazia esses exercícios, caminhava com maior facilidade no dia seguinte.

Em seguida, Eileen parou de tomar aspirina. Foi diminuindo aos poucos a dosagem até que, um belo dia, concordou em abandoná-la completamente. Logo depois, sentiu-se deprimida. Perguntava a si mesma por que, apesar de todo o progresso e aumento de energia, ainda sentia tanto cansaço e tanta dor. Abrindo mão da aspirina, tirara o corpo do estado de insensibilidade, e a volta das sensações fê-la acreditar que estava piorando, se bem que as sensações de desconforto fossem, ao contrário, uma indicação de que estava melhorando. Por ter sido capaz, pela primeira vez, de perceber quão grave era o seu estado, sentiu-se temporariamente esmagada por ele.

Felizmente, poucas semanas depois de haver renunciado ao uso da aspirina, Eileen foi convidada pelo pai a passar férias em Acapulco. Ali se exercitou, todos os dias, na praia, sob o sol quente e na água tépida, e passou a sentir-se completamente renovada. O pai, que a via pela primeira vez depois de um ano, ficou entusiasmado com os progressos da filha.

Ao voltar, Eileen largou o emprego e pôs-se a nadar e a exercitar-se numa piscina aquecida e a lidar consigo mesma em casa por quatro horas diárias, ou mais. Aprendeu a trabalhar criativamente e com maior consciência das necessidades do corpo. Os exercícios debaixo d'água destinam-se à execução de movimentos mais livres com menor resistência gravitacional, como se o corpo se tornasse parte da água. A água quente relaxa e expande o corpo, e isso alonga os músculos e cria maior espaço entre os ossos. Exercícios virtualmente impossíveis para um artrítico em circunstâncias comuns tornam-se fáceis na água. Eileen pôde girar os pés, abrir e fechar as mãos, e até caminhar suavemente na água quente. Além dos benefícios produzidos pela diminuição da resistência gravitacional, a resistência suave e constante da própria água robustece os músculos com um desafio mínimo.

Finalmente, dois anos depois de havermos começado a trabalhar juntos, anunciei a Eileen que ela já não sofria de artrite. Como ela não acreditasse em mim, animei-a a procurar o médico e pedir-lhe um novo diagnóstico. Quando chegaram os resultados do exame de sangue, o médico confirmou o que eu dissera. Sua artrite desaparecera.

Eileen melhorou tanto que decidiu estudar o meu trabalho e profissionalizar-se também. Enquanto ainda era minha paciente, trabalhou com as outras secretárias de sua firma e revelou tanto talento que resolveu alistar-se no meu curso de adestramento de profissionais. Só ficara da enfermidade uma ligeira claudicação, e seu entusiasmo pelo nosso trabalho foi tão grande que ela começou a discutir a autocura com grandes grupos de pessoas.

Entretanto, ainda não tinha resolvido o maior problema, o conflito com o pai. Ela me contara, certa vez, que saíra de casa com uma raiva e um ressentimento muito grandes, jurando a si mesma nunca pedir coisa alguma aos pais. Empregou todo o dinheiro que possuía alugando um apartamento e procurando um emprego, e durante duas semanas, enquanto esperava o primeiro pagamento, não teve o que comer. Certa vez, convidada para almoçar fora, comeu tanto que precisou pedir desculpas e correr para o reservado das mulheres, a fim de vomitar. Seu acompanhante nunca mais a convidou para sair.

Uma vez que nunca fora capaz de conquistar a aprovação do pai, nunca se aceitou plenamente a si mesma, e sempre se frustrava quando estava a pique de lograr uma grande vitória. Trabalhava com afinco, realizava muito, depois retrocedia, insatisfeita. A raiva que tinha do pai nunca fora solucionada, e Eileen decidiu que já era hora de dar um jeito nas coisas. Deixou de ver os pais por algum tempo e voltou-se à meditação e à comunidade zen. O corpo continuou a melhorar, e sua vida passou a ser feliz e plena. Passado um ano, Eileen estava casada e, logo, nomeada assistente do *roshi.*

Nisso, ocorreu novo desastre. O *roshi* foi acusado de ter agido mal e muita gente da comunidade voltou-se contra ele. Depois de ter sido uma figura quase sagrada, respeitada por todos, passou a ser, de repente, o foco dos temores, frustrações e fracassos da comunidade, que não se conformava com suas aparentes deficiências.

Para Eileen, a quem o *roshi* assumira o lugar do pai em sua afeição e respeito, a situação criou um conflito intolerável. Teve um ataque de mutilação tão forte que levou dois anos para sarar. Durante esse tempo, trabalhei com ela quase todos os dias. Até durante as minhas aulas de treinamento avançado, que ela freqüentava, eu lhe massageava o tornozelo enquanto dissertava.

Achei que um jejum de purificação a ajudaria, de modo

que Eileen e eu saímos para um retiro de seis dias, nos Trinity Alps, na Califórnia. Arranchamos num chalé à beira de um lago e fizemos um jejum de sucos vegetais. Animei Eileen a falar, horas a fio, do seu relacionamento com o pai e, no quinto dia, ela explodiu:

— Não consigo ver-me dominando esta raiva! Não consigo ver-me suficientemente forte para perdoar meu pai, ou o *roshi*. Não consigo ver-me curada!

A explosão foi muito saudável. Eileen fora vítima do próprio ressentimento durante anos, mas nunca, até então, o sofrera plenamente. Agora, podia experimentar a própria raiva, não apenas nos músculos e nas articulações, mas também na mente consciente. Não pude responder-lhe com palavras; palavra alguma ajudaria. Mas, através da massagem e do exercício, Eileen principiou a limpar-se emocionalmente e, afinal, pôde perdoá-los.

A partir desse momento sua saúde melhorou rapidamente. Eileen reassumiu a carreira de autocura e hoje é uma das melhores profissionais.

Conheci Kristin pouco depois que ela sofreu uma intervenção cirúrgica para substituir um quadril. Como Eileen, Kristin sofria de artrite reumatóide, mas a sua progredira tão rapidamente que, aos vinte e cinco anos de idade, a cartilagem de ambos os quadris se fora. Após uma operação em que a articulação coxofemoral, totalmente gasta, fora substituída por uma plástica, Kristin decidiu não se submeter a mais nenhuma cirurgia. A operação tinha sido tão dolorosa que ela passou a tomar morfina para aliviar a dor, e acabou viciada nessa droga. Em seguida, deram-lhe metadona para substituir a morfina, e ela se viciou também nessa droga.

Kristin ouvira falar no centro antes da operação, mas decidira-se pela cirurgia. As dores que estava sofrendo me pareceram um tremendo desperdício; eu tinha certeza de que ela poderia ter salvado aquele quadril.

Kristin era uma moça angelicamente bela e frágil. Entre as dores, a hospitalização, a cirurgia e a medicação, seu corpo, já esguio, emagrecera treze quilos. Sua voz era quase um sussurro. Ela se apoiava numa grande bengala preta e no braço do irmão, que a levara ao nosso consultório. Kristin não podia caminhar sem bengala, e o médico estava surpreso de que, mesmo com ela, pudesse andar.

Além de metadona, Kristin tomava drogas antiinflamatórias. Tomara também injeções de cortisona, que não tinham surtido efeito algum. A moléstia manifestava-se em todas as articulações do corpo, mas sobretudo nos joelhos, onde a tumefação era tão excessiva que as rótulas se escondiam sob o fluído acumulado.

Kristin iniciou a nossa terapia com três sessões por semana, cada qual com um profissional diferente. Seu estado melhorou quase imediatamente. Mostrava-se, no princípio, rígida e tesa e extremamente sensível ao frio. Seu estado apresentava algumas dificuldades insólitas no tratamento. A remoção da articulação coxofemoral tornava-lhe difícil o ato de virar-se; ela precisava ser movida, e com suma delicadeza. Eu geralmente a mandava deitar-se de lado, com a perna inferior esticada e a superior dobrada na altura do joelho, a fim de estirar a anca. A seguir, massageava-lhe os músculos da nádega e os músculos externos da coxa, suavemente, com óleo, até aquecê-los. Isso aumentou a circulação não só do quadril, mas de todo o corpo. Ensinei-lhe a deitar-se e a respirar, a ter consciência dos músculos abdominais inferiores ao fazê-lo, e mostrei-lhe como massagear a anca e como bater nela, levemente, com o punho. Fiz com que se deitasse de costas, com os joelhos dobrados, e os movimentasse suavemente, de um lado para outro, a fim de ativar os músculos psoas interiores.

Nos primeiros seis meses ela se exercitou duas horas por dia. Fazia a maior parte dos exercícios deitada de costas e o seu propósito era levar a circulação à área do quadril sem sobrecarregar o corpo e sem fazer esforço. Ensinei-a também a executar exercícios na banheira, como dobrar e endireitar os joelhos e girar os calcanhares. Ela gostava de exercitar-se ao sol; e como o único lugar em que podia fazê-lo era o telhado ventilado do prédio em que morava, logo aprendeu a sentir-se bem com brisas frias e a aceitar variações de temperatura com maior facilidade. Começou até a tomar banhos frios de chuveiro, que, afirma agora, a fazem sentir-se melhor do que qualquer outra coisa. Ela passou a andar e a vestir-se com mais facilidade e, animada por esses progressos, principiou a cuidar de si mesma três a quatro horas por´dia. Sentiu-se emocionalmente mais forte e, passados alguns meses, decidiu acabar com a dependência da metadona. Um programa de desintoxicação, dirigido por um hospital, ajudou-a a consegui-lo.

Durante um seminário de fim de semana que organizei, depois de dois dias de trabalho e meditação sobre o corpo, Kristin irrompeu em prantos, esmagada por emoções que não conseguia compreender. As lágrimas devem ter liberado alguma coisa muito profunda dentro dela, pois, após o seminário, o inchaço dos joelhos diminuiu consideravelmente e, pela primeira vez em alguns anos, as rótulas se tornaram visíveis.

Como fiz com Eileen, levei Kristin para exercitar-se numa piscina de água quente. Na primeira vez, expliquei-lhe o movimento realizado sem a resistência da gravidade. Quando saiu da piscina, o súbito retorno da gravidade foi um choque tão grande, que ela mal conseguiu dar uns poucos passos. Por fim, dava-se conta do esforço e da resistência que punha em cada movimento. Essa percepção, mais do que qualquer coisa que eu pudesse dizer, mostrou-lhe o que precisava fazer.

Depois de seis meses de tratamento, Kristin já percorria quatro quarteirões com a bengala. Quando a conheci ela apenas conseguia atravessar o quarto! Seu médico de San Francisco — discípulo do médico de Los Angeles —, impressionado, disse:

— Suas radiografias não mostram nenhuma cartilagem na articulação coxofemoral. Não consigo imaginar como você consegue andar desse jeito. Mas, seja o que for que esteja fazendo, continue a praticá-lo.

Dentro de um ano, ela já caminhava confortavelmente sem a bengala, percorrendo trajetos curtos e, após dois anos, já caminhava *um quilômetro e meio!* Apregoava alegremente cada progresso — o dia em que pôde sentar-se no chão e levantar-se sem ajuda de ninguém, e o dia maravilhoso em que lhe foi possível entrar e sair da banheira sozinha. Parou de usar drogas antiinflamatórias e, hoje, só toma vitaminas.

Dois anos depois de haver iniciado o tratamento conosco, Kristin voltou a Los Angeles para visitar seu médico, famoso reumatologista. A instâncias dele, fizeram-se novas radiografias, que revelaram resultados surpreendentes. Nos locais em que as radiografias anteriores não tinham revelado a presença de nenhuma cartilagem e de nenhum espaço entre os ossos e a articulação do quadril, havia agora um espaço claramente visível. Somente sete casos como este estão registrados na história médica. Seu médico mostrou as radiografias a um grupo de reumatologistas, nenhum dos quais compreendeu a mudança, embora todos concordassem em que um grande progresso efetivamente ocorrera. Aquelas radiografias eram um triunfo absoluto. Eu não precisara delas para confirmar a melhora do estado de Kristin, pois podia vê-la e senti-la. As radiografias, porém, eram uma prova de que tal melhora pode acontecer.

Voei para Los Angeles a fim de encontrar-me com o médico de Kristin, e ele concordou em que os exercícios da autocura haviam sido, em grande parte, responsáveis pelo progresso de sua cliente. Não estava convencido, entretanto, de que o espaço visível na articulação coxofemoral fora criado pela cartilagem regenerada. A opinião médica opõe-se à idéia, mas nunca deixei de acreditar que qualquer tecido do corpo, em condições apropriadas, pode regenerar-se. Kristin é uma prova viva de que até as formas mais graves de artrite são superáveis.

Capítulo 10

Esclerose múltipla

A esclerose múltipla é uma moléstia do sistema nervoso central em que a bainha de mielina, tecido adiposo que protege os nervos, começa a deteriorar-se, dificultando a transmissão das mensagens entre o cérebro e o resto do corpo. Conquanto a doença seja considerada incurável, eu sei, baseado nos resultados de nossa própria terapia, que é possível aos pacientes de esclerose múltipla atingir um nível de remissão que pode ser considerado praticamente uma cura. Os ataques de esclerose múltipla chegam, freqüentemente, em ondas e resultam, via de regra, de um choque de alguma espécie. Não se sabe o que a causa. Existem duas teorias médicas principais. Uma delas, que está perdendo credibilidade, dá a entender que a causa da esclerose múltipla é um vírus que, de um modo ou de outro, inibe a produção da bainha de mielina. Uma teoria mais recente afirma que ela pode ser provocada por um colapso do sistema de imunização, que permitiria aos vírus atacar a bainha de mielina.

A meu ver, a esclerose múltipla relaciona-se com uma sobrecarga do sistema nervoso central, devida ao uso excessivo de alguns caminhos neurais e à escassa utilização de outros. Este é o resultado do uso rígido e desequilibrado do corpo. Uma paciente típica de esclerose múltipla tem a postura abatida e a espinha rígida. Movimenta-se como se o centro do corpo estivesse no pescoço, obrigando-o a um grande esforço. As costas se tensionam a tal ponto que não somente os músculos lombares, mas também as vísceras, ficam contraídos. E todo o corpo fica tão duro que influi até no modo de andar. Essa tensão extrema de músculos e órgãos conduz à disfunção neurológica. O desaparecimento de partes da bainha de mielina não é a causa da esclerose múltipla, mas um dos seus piores sintomas, resultado do mau uso que se faz do corpo.

Ilana veio fazer uma consulta comigo na Sociedade Vegetariana quando se achava nas fases iniciais da esclerose múltipla. Andava sem firmeza, claudicando levemente, e suas ancas pareciam desequilibradas. Experimentava insensibilidade em várias partes do corpo, e isso, às vezes, lhe acarretava incontinência urinária. Professora de escola pública, Ilana tinha medo de perder o emprego devido à enfermidade.

Passei a trabalhar com sua mão e braço direitos, parcialmente paralisados. Os músculos que ela ainda podia usar estavam extremamente doloridos em virtude de um emprego excessivo e forçado. Ensinei a Ilana alguns exercícios simples para o braço e trabalhei com ela no intuito de melhorar-lhe a respiração. Ilana expressava ceticismo quanto à eficiência de algum tratamento, mas, ao vestir-se após a sessão, constatou que era capaz de abotoar a blusa sem nenhuma dificuldade — coisa que não pudera fazer durante meses. O braço estava mais leve, mais sensível. Como ela se achasse em dúvida, recomendei-lhe que tentasse mais três tratamentos, a fim de verificar se lhe trariam algum benefício. Ilana concordou, dizendo:

— O que tenho a perder?

Ensinei-lhe alguns exercícios para o segmento inferior das costas, extremamente fraco e tenso. Fiz com que se deitasse de costas, com os joelhos dobrados, as mãos sobre o peito e a cabeça repousada num travesseiro firme, de modo que o pescoço pudesse relaxar-se. A princípio, foi-lhe difícil manter os joelhos nessa posição por mais de uns poucos segundos, mas, após três semanas, já podia fazer o exercício por quinze minutos. Pedi-lhe que respirasse profundamente e medisse a extensão de cada inalação e exalação a fim de ajudá-la a concentrar-se na respiração, afastar a mente dos joelhos e enviar pensamentos de relaxamento e expansão à porção inferior das costas, imaginando-as cada vez mais largas e alongadas. Como os quadris estivessem rígidos e os tornozelos, duros, pedi-lhe que se deitasse numa banheira, dobrasse e endireitasse os joelhos e, depois, imprimisse aos pés um movimento rotativo, com o propósito de revigorar os tornozelos e aumentar o próprio equilíbrio. Passei-lhe também muitos exercícios de visualização para ajudá-la a sentir o modo como usava o corpo — movimentando os braços e as pernas como se estes fossem pesadíssimos, por exemplo, e o modo como todo o corpo se contraía a fim de executar um pequeno movimento. Eu tencionava reprogramar-lhe o sistema nervoso de tal modo que ele permitisse a cada músculo realizar o próprio trabalho.

Ilana ficou espantada com o número de mudanças que ocorriam durante as sessões. Sua bacia relaxou-se. Conquanto ainda lhe fosse muito difícil caminhar, já levantava com facilidade as pernas para calçar os sapatos. Pôs-se a nadar depois da terceira sessão e quase não pôde acreditar que, embora poucas semanas antes mal conseguisse nadar alguns metros, agora se via nadando toda a extensão da piscina nos dois sentidos. Assombrada com as mudanças que experimentava tão rapidamente, consultou o médico, que lhe confirmou o avanço e animou-a a prosseguir.

Depois de seis semanas, Ilana já se deitava de costas com os joelhos dobrados e conservava a postura durante meia hora. De uma feita, chegou a adormecer enquanto se achava nessa posição. Sua dificuldade anterior provinha do hábito que adquirira de retesar joelhos e tornozelos. Assim que as costas de Ilana se libertaram da tensão, ficaram livres para suportar-se. As pernas já não precisavam trabalhar para sustentá-las, nem ter os próprios movimentos restringidos pela constrição do segmento inferior das costas.

Se bem que tivessem se enfraquecido devido ao desuso, os músculos que Ilana estava usando agora começaram a ficar mais fortes quando ela principiou a utilizá-los de maneira correta e saudável. E o mais importante, ela estava modificando velhos padrões neurológicos e a crença do cérebro de que as costas eram fracas e as pernas, imóveis. O médico continuou a confirmar que o joelho estava se robustecendo, e que seu andar e seus reflexos tinham melhorado. Isso, juntamente com pequenas descobertas feitas por ela mesma — por exemplo, pôde costurar pela primeira vez depois de anos —, convenceu-a a voltar ao trabalho no outono.

A fraqueza da bexiga, comum entre os pacientes de esclerose múltipla, acarreta uma necessidade de urinar insuportavelmente urgente e difícil de controlar. Exercícios de visualização e de controle do esfíncter revelaram-se inestimáveis em seu tratamento. Ensinei Ilana a contrair os músculos da bexiga com toda a força que pudesse, ao mesmo tempo que imaginava estar retendo a urina à força e a contrair o segmento superior do corpo o mais apertadamente possível, incluindo os olhos e a boca, e a expelir a respiração, com esforço, através dos dentes. Em seguida, alternadamente, fazia intensa pressão sobre a bexiga como se estivesse tentando expelir a urina e não conseguisse fazê-lo. Esse exercício ajudou Ilana a obter o controle da bexiga, e eu o transmiti, depois, a todo paciente que me procurava queixando-se de falta de controle da bexiga.

Vered, grande observadora do caráter e da natureza humanos, notou a rigidez da mente de Ilana. Embora se tratasse de uma mulher inteligente e culta, com muitos interesses, Ilana tinha bloqueios mentais inexplicáveis. Apesar de ser professora, nunca aprendera bem o hebraico, e continuava a empregar certos padrões estrangeiros de fala que soavam cômicos nessa língua. Tinha-se a impressão de que certas partes da mente não estavam sintonizadas com as demais. Falava em tom dogmático e dava a impressão de inflexibilidade tanto da mente quanto do corpo.

Depois, como por artes mágicas, quando o corpo aprendeu a relaxar-se, a mente seguiu-lhe o exemplo. Ela se abriu para maior número de possibilidades, incluindo a de cura da doença. A nova atitude parecia ter nascido naturalmente das novas experiências com o corpo.

Trabalhei com Ilana até sair de Israel, e em todo esse período ela não experimentou nenhuma nova degeneração. Nunca perdeu de todo a coxeadura, mas esta diminuiu muito, e seu equilíbrio melhorou sensivelmente. Recobrou a coordenação das mãos, e o estado mental continuou a fazer progressos, à proporção que ela adquiria confiança em si mesma. Foi Ilana quem me fez acreditar que a esclerose múltipla, conquanto seja um desafio extraordinário, é alguma coisa que podemos fazer regredir.

Sophia Gefen nos foi enviada por outra paciente, Hannah. Esposa de um rabino ortodoxo, Sophia era a professora das mulheres da sinagoga. O marido, homem bondoso e simples, fizera tudo o que estava ao seu alcance para tornar-lhe a vida mais fácil depois de haver ela contraído esclerose múltipla, e ficara extremamente penalizado com a doença da esposa. Arrastou-a de um lado a outro à procura de médicos e ajudava-a nas compras e tarefas domésticas. Era evidente que Sophia granjeara o amor e o respeito de todos que a conheciam.

O primeiro sintoma de que se dera conta era uma ausência de sensibilidade nas mãos e nos pés. Quando lavava os pratos, estes lhe escapuliam freqüentemente das mãos sem que ela percebesse. As mãos careciam tanto de sensibilidade que ela sequer experimentava o entorpecimento. Sua impressão era de tê-las imóveis e fechadas, até quando as abria. Percebeu que tinha o mesmo problema nos pés no dia em que chegou em casa, depois de haver saído para fazer compras, e descobriu que perdera os sapatos na rua enquanto caminhava, e não tinha sequer dado por isso. Fizeram-se exames na clínica neurológica do seu hospital acutilando-lhe as mãos e os pés com objetos aguçados até fazê-los sangrar, e ainda assim ela não sentiu dor. Os médicos lhe confirmaram os piores temores quando lhe disseram que ela estava sofrendo de esclerose múltipla.

Hospitalizaram-na e deram-lhe drogas, mas como seu estado não apresentasse melhoras, ela recebeu alta. Sophia e o marido perguntaram ao neurologista:

— Há alguma coisa no mundo que possamos fazer?

Ele replicou bondosamente:

— Não há na medicina nada que eu conheça capaz de ajudá-la. Sophia, provavelmente, virá ver-me, de seis em seis meses, com outro ataque, e seu estado se agravará inexoravelmente. Mas não desistam — ajuntou, preocupado. — Vocês devem rezar. Sempre há esperança.

A partir desse dia, Sophia era hospitalizada de dois em

dois ou de três em três meses. Conquanto diminuísse gradativamente a freqüência dos ataques, aumentou sua gravidade, e ela não apresentava remissão nem melhora. Nos casos de esclerose múltipla, costuma haver um período de remissão após o ataque, durante o qual o paciente experimenta algumas melhoras. Às vezes, os efeitos do ataque quase desaparecem. Mas os sintomas de Sophia só se agravavam. Quando os médicos não notaram nenhum progresso no decorrer de um longo período, rediagnosticaram a moléstia como esclerose lateral amiotrófica (ELA), comumente conhecida pelo nome de "doença de Lou Gehrig", na qual não existem remissões. A ELA provoca a deterioração do paciente muito mais depressa do que a esclerose múltipla.

À proporção que seu estado continuava a piorar, confirmou-se o diagnóstico. O equilíbrio e a coordenação de Sophia quase desapareceram, e ela se viu praticamente à beira da paralisia. Já não podia executar nenhuma tarefa que requeresse coordenação das mãos. Seu andar era lento e pesado, quando conseguia andar de alguma forma. Na melhor das hipóteses, só lhe era possível percorrer a distância que compreendia uma parede a outra do quarto. E os médicos declararam ao marido que Sophia não tinha mais do que dezoito meses de vida.

Um prognóstico desalentador, transmitido por um médico de confiança, pode acelerar a morte do paciente. Nós nos tornamos inteiramente dependentes dos médicos no tocante a informações sobre nosso próprio corpo, nossas enfermidades e nossa esperança de recuperação. Os médicos deviam usar com extremo cuidado esse poder aterrador, a fim de ajudar a animar os pacientes, ao invés de exacerbar-lhes os temores. Os pacientes devem ser sempre estimulados a acalentar a esperança e a buscar toda e qualquer solução para o problema. A ninguém há de ser dado um prognóstico absolutamente desesperançado, pois este pode transformar-se numa profecia auto-realizável. E os próprios pacientes não devem encarar o prognóstico do médico como definitivo e infalível.

O marido e os filhos de Sophia acompanharam-na por ocasião do primeiro encontro comigo e estiveram presentes à sessão. Sophia entrou no consultório como se tivesse os pés tão pesados que não conseguia erguê-los. Apenas se mantinha em posição ereta e quase não conseguia arrastar-se pela sala. Sua expressão era de medo, e pareceu-me que esse medo constituía grande parte da sua dificuldade em caminhar. Dir-se-ia que tinha receio de cada passo que dava. Quase não lhe era possível levantar o pé do chão no momento de erguê-lo, retesando o corpo todo, incluindo o rosto; em seguida, transferia todo o peso do corpo sobre aquele pé e arrastava o outro atrás dele. Após alguns passos, ela desmoronava ou precisava agarrar-se a alguma coisa em que pudesse apoiar-se. O que mais temia era perder o equilíbrio. Sem dar-se conta disso, tinha dificuldade de respirar e as poucas inspirações e expirações que fazia realizava-as pela boca. Sua energia parecia inexistir.

Ajudei Sophia a aproximar-se da mesa e pedi-lhe que se deitasse nela de costas. Depois que ela dobrou os joelhos e apoiou a planta dos pés na mesa, pus-me a ensinar-lhe exercícios respiratórios. Como sucede em geral aos pacientes gravemente feridos ou estropiados, ela precisava, antes de tudo, aprender a respirar. Pedi-lhe que inspirasse profunda e lentamente, depois expirasse todo o ar e prendesse a respiração pelo maior tempo possível, cerca de vinte segundos, antes de respirar outra vez; a seguir, deveria repetir todo o processo. Ela o fez umas cem vezes.

Sophia principiou a sentir o corpo, com o qual havia perdido totalmente o contato. A primeira sensação que experimentou foi a de um peso extremo. Mas, embora estivesse convencida de que a sessão de exercícios a ajudara, o marido e os filhos se mostraram céticos e, conseqüentemente, ela decidiu interromper o tratamento. Quando soube disso, Hannah visitou-a repetidas vezes e, por fim, convenceu-a a prosseguir com seriedade e perseverança. Depois de um intervalo de dois meses, Sophia voltou ao consultório. Lembrou-se dos exercícios que eu lhe havia mostrado e, após duas semanas de pequenos progressos, disse-me:

— Meir, este tratamento é um grande encorajamento para mim.

E eu disse:

— Espero que os efeitos não sejam apenas psicológicos.

— Não, não, estou me sentindo muito melhor, tanto psicológica quanto fisicamente, e isso me dá esperanças.

Um mês depois, tornou-se manifesto para toda gente que seu estado de espírito e o corpo tinham melhorado. Antes, ela não queria fazer nada. Agora, ao contrário, ansiava por envolver-se no maior número possível de atividades. Mais interessada pelo próprio estado, já se dispunha a dedicar-se à própria recuperação. Até a família começou a acreditar em sua cura.

O marido de Sophia vivia sob grande tensão em virtude do estado da mulher. Por vezes, quando a trazia ao consultório, eu lhe massageava os ombros e o pescoço. De uma feita, ficamos de costas um para o outro, eu lhe segurei os braços e inclinei-me para a frente até erguê-lo do chão e sustentá-lo nas costas. Sophia ficou pasma de ver-nos, pois ele era muito mais alto e bem mais pesado do que eu. Enquanto o carregava dessa maneira, estiquei-lhe os braços, o pescoço, os ombros e as costas; puxando-lhe delicadamente os braços liberou-se assim grande parte da tensão, de sorte que ele pôde sentar-se e relaxar-se enquanto assistia aos exercícios.

Dentro de dois meses, o equilíbrio de Sophia melhorou de forma notável. Embora não se tratasse de um fato constante nem digno de confiança, ela apresentava menor propensão para cair. Tinha também umas poucas horas de alívio, todos os dias, da fadiga diária.

Um dia, Sophia me disse:

— Sinto que alguma coisa maravilhosa está para acontecer-me.

Ela previa uma grande modificação. Não raro, quando falam a respeito da melhora que esperam, os pacientes se empenham no jogo do faz-de-conta. Uma ou outra vez, porém, alguém se refere ao próprio progresso com uma convicção alicerçada num conhecimento interior profundo. Quando Sophia me disse que uma grande mudança estava a pique de ocorrer em sua vida, tive a sensação de que ela acertara.

Desde então, seu tratamento assumiu um aspecto inteiamente diverso. Não éramos Danny, Vered e eu que trabalhávamos para devolver-lhe a saúde. Apenas a assistíamos. Os quatro trabalhávamos juntos.

Um mês depois, Sophia principiou a vir sozinha às sessões. Já conseguia entrar no ônibus, descer dele e caminhar do ponto de parada ao consultório. Seu passo tornava-se perceptivelmente mais leve, embora ela ainda claudicasse. O caminhar já a cansava menos. Um sentido renovado de entusiasmo a possuía, e ela se pôs a caminhar todos os dias. Os progressos reafirmaram-lhe a esperança de cura.

A coordenação de Sophia ainda constituía um problema e tanto. Muitas tarefas simples apresentavam dificuldades para ela, e seus movimentos eram desajeitados. Danny e Vered trabalharam com ela até que seus músculos se relaxaram, e eu me concentrei nos exercícios. Como resultado de tudo isso, a respiração de Sophia tornou-se mais profunda e regular, e o aumento do fluxo de sangue lhe permitiu executar movimentos que de outro modo teriam sido difíceis e até prejudiciais.

Depois de algum tempo, Sophia percebeu o modo como retesava o corpo. Experimentando às vezes o corpo relaxado, deu-se conta do contraste. E passou a exercitar-se na execução de movimentos com um mínimo de tensão. Quando lhe massageávamos os pés, levava meia hora para poder imprimir ao tornozelo um movimento giratório sem retesar as pernas, as costas, o peito e o estômago. Num breve espaço de tempo, os músculos da barriga da perna, alguns deles rijos como o aço devido à tensão provocada pelo excesso de trabalho, principiaram a relaxar-se. Esses músculos, que tinham estado em completo desuso e que, por isso, haviam se deteriorado, começaram gradativamente a desenvolver-se outra vez, permitindo-lhe manter-se mais solidamente sobre os pés, embora não resolvessem o problema do equilíbrio. Pedi a Sophia que ficasse de pé sobre uma perna. Ela ameaçou cair, mas eu a segurei. Passamos horas fazendo a mesma coisa até que ela pôde manter-se sobre uma perna, ainda que por poucos segundos. Depois de todas essas tentativas, até ficar de pé sobre as duas pernas lhe pareceu mais fácil.

Danny, Vered e eu também trabalhamos em outras partes do seu corpo. As ancas eram muito duras, o que provocava uma série de restrições no caminhar, de modo que lhe ordenei que ficasse de pé sobre as duas pernas e movimentasse os quadris circularmente. Se bem que para a maioria das pessoas esse movimento seja simples, para Sophia foi quase impossível. Em lugar de dar aos quadris uma moção rotativa, só conseguia fazer com eles movimentos espasmódicos, angulares. Vered, que tinha muita experiência com esse tipo de exercício, mostrou-lhe como executar pequenos círculos e ampliar gradativamente os limites do movimento. Fez Sophia inclinar a bacia para a frente, para trás, para a direita e para a esquerda. Com o tempo, Sophia aprendeu a sentir o limite de sua capacidade de inclinar o corpo sem cair. Seu equilíbrio começou a melhorar, e as ancas se soltaram de uma forma bem mais livre. Ela começou a sentir-se mais confiante ao andar.

Como Danny, Vered e eu havíamos feito, Sophia começou a trabalhar consigo mesma com um zelo que beirava as raias do fanatismo. Exercitava-se horas a fio todos os dias e vinha procurar-nos três vezes por semana. Enquanto permanecia deitada na mesa, um de nós lhe pegava o braço ou a perna e, com toda a delicadeza, o esticava, pedindo-lhe para imaginar que o membro se estirava por toda a extensão da sala, depois por toda a extensão da rua e, finalmente, que se estendia até o infinito. Fizemos isso com cada membro, dando-lhe a impressão de que o corpo se expandia cada vez mais. Quando ela esticava os membros, nós alongávamos os músculos, proporcionando-lhes assim o relaxamento. Os músculos tensos são mais curtos, de sorte que o alongamento lhes propicia maior circulação, visto que, nessas condições, eles não comprimem os vasos sanguíneos. A sensação de expansão, muito relaxante para Sophia, fazia-a sentir-se mais leve e mais aberta. Nas imagens que lhe povoavam o cérebro, o corpo parecia perder os próprios limites, como se as restrições impostas a ele pela tensão se dissolvessem.

A nova perspectiva de Sophia sobre o seu corpo e suas capacidades levou-a a encarar a si mesma de uma nova forma. Assim como o corpo se expandia e se tornava capaz de realizar maior número de movimentos, também tinha ela a impressão de estar se expandindo cada vez mais em todos os sentidos. Em menos de meio ano, Sophia tornou-se uma pessoa totalmente diversa. Queria aprender coisas novas, dilatar os horizontes estreitos e mudar. Mostrava-se especialmente ansiosa por aprender tudo o que pudéssemos ensinar-lhe. Era um prazer trabalhar com Sophia. Quando lhe explicávamos um exercício a princípio muito difícil, ela punha-se a praticá-lo em casa e, dois dias depois, mostrava-nos que o havia dominado. Nossas sessões constituíam uma troca mutuamente benéfica.

Conquanto Sophia não exibisse quaisquer sintomas de lesão do nervo óptico, imaginei que ela poderia ser vulnerável a problemas oculares, uma vez que estes são comuns à família das moléstias da esclerose múltipla. Uma pessoa pode ter uma tendência inerente para determinado problema sem evidenciar quaisquer sintomas desse problema. Nessas circunstâncias, em vez de esperar que os sintomas se manifestassem, decidi oferecer a ela uma terapia preventiva. Mostrei-lhe o *palming,* o *sunning* e outros exercícios. Ela ficava com dor de cabeça depois de executá-los, mas expliquei-lhe que isso era comum nos principiantes. O relaxamento muscular alcançado nos faz mais cônscios de tensões, até então não observadas, ao redor dos olhos. Essas tensões, justamente com a ampliação do estímulo do nervo óptico, eram parcialmente responsáveis pelas dores de cabeça, que, por conseguinte, evidenciavam que os nervos estavam precisando de estimulação e relaxamento, e que não deixara de ser uma boa idéia recomendar-lhe os exercícios dos olhos. Ensinei Sophia a massagear a cabeça e o rosto a fim de abrandar as dores de cabeça, mas havia muito trabalho para fazer se quiséssemos despertar e curar o nervo óptico degenerado. Sophia levou dezoito meses para conseguir executar os exercícios dos olhos, todos os dias, confortavelmente.

Sophia e o marido faziam caminhadas juntos todas as noites e, quando acabavam de percorrer um quilômetro e meio, ele se confessava mais cansado do que ela. Depois de apenas seis meses, a maior parte dos sintomas desaparecera. Somente um sintoma importante subsistia: as mãos e os pés ainda continuavam insensíveis. Consultei o dr. Arkin, colaborador do neurologista de Sophia, e ele afirmou que não havia nada que se pudesse fazer para restaurar-lhe a sensibilidade. Estudara o caso e entendia que o dano se localizava no sistema nervoso central. Assim, nada poderia ser feito para repará-lo.

— Que eu saiba, não houve um único caso de ELA ou de esclerose múltipla em que tenha ocorrido a recuperação da sensibilidade — disse ele. — Portanto, por favor, sinta-se apenas grato pelo excelente trabalho que foi feito.

Eu não estava convencido pelas palavras do dr. Arkin. Para mim, se alguém merecia ter saúde, esse alguém era Sophia. Ela trabalhara duro consigo mesma e estava fazendo tudo o que podia para se recuperar.

Comecei a esfregar-lhe os dedos sempre que ela ia ao consultório, pondo todo o meu amor e toda a minha fé em cada massagem. Eu usava creme para as mãos a fim de aquecer-lhe a pele e reduzir o atrito da massagem. E sempre que eu lhe perguntava:

— Está sentindo alguma coisa agora?

Ela me respondia, invariavelmente:

— Não, nada.

Finalmente, uma noite, desesperado, telefonei para Miriam. Descrevi-lhe o estado de Sophia e, depois de fazer algumas perguntas, Miriam compreendeu tudo. E perguntou-me:

— Você sabe o que fazer num caso como esse, não sabe?

Respondi, impaciente:

— E você acha que eu perguntaria, se soubesse?

Sem me dar atenção, Miriam prosseguiu:

— É uma coisa tão simples! Tudo o que você tem de fazer é mandá-la tamborilar na mesa com os dedos.

Fiquei espantado. Realmente, era simples. Por que eu não havia pensado nisso? Eu tinha certeza de que Sophia ainda viria a sentir as mãos. Não entendera o efeito que surtiria um exercício dessa natureza, mas era claro para mim que a estimulação das terminações nervosas, produzida por esse tipo de exercício, influiria no sistema nervoso central.

Sophia veio ver-me para a entrevista seguinte numa sexta-feira pela manhã, pronta para enfrentar um dia febril de preparativos e, em seguida, um Sabá tranqüilo e repousante. Surpreendeu-se quando lhe pedi que se sentasse à minha escrivaninha em lugar de ir para a sala de tratamento, e sentei-me ao seu lado. Nesse momento, experimentei uma espécie de união mental com Sophia, tão completa era a minha empatia com ela.

Seguindo a sugestão de Miriam, ordenei a Sophia que batesse com a ponta dos dedos no tampo da mesa. Ela respondeu sem hesitação, batendo rápida e ritmicamente. Achei que aquilo lhe causava alguma dor, e ela me confirmou a impressão. A dor diminuiu por volta da qüinquagésima batida e, depois, desapareceu. Após tamborilar mais ou menos cem vezes, ela começou a sentir pressão na ponta dos dedos. Continuou a bater e, aos poucos, a pressão também desapareceu, e ela sentiu apenas torpor — isso depois de já ter batido cerca de trezentas vezes. Fiz o exercício com ela e, para meu assombro, afigurou-se-me experimentar cada uma de suas sensações em meu próprio corpo. No momento em que completamos setecentas batidas, não havia dor e tampouco pressão, tão-somente uma sensação contínua de estimulação.

Eu disse a Sophia que respirasse profundamente e relaxasse os ombros, a fim de podermos continuar o exercício pelo maior espaço de tempo possível. Depois de tamborilar mil vezes, as mãos dela pareciam estar impregnadas de uma sensibilidade completa e normal.

Começamos a tamborilar com os nós mais próximos da ponta dos dedos e tivemos uma experiência idêntica à que havíamos tido com estas últimas, com uma diferença: levamos a metade do tempo para alcançar os mesmos resultados. Quando a dor começou a se manifestar, era uma sensação forte, nem dormente nem distante. A seguir, repetimos o exercício com as juntas médias, e os resultados foram semelhantes, porém com um nível mais alto de sensibilidade, pressão e dor. Depois de iniciado, o processo do despertar tornou-se quase instantâneo. Tamborilávamos delicadamente no início e, pouco a pouco, fomos aumentando a intensidade.

Finalmente, trabalhamos com os nós maiores, aqueles que ligam os dedos às mãos, e registrou-se a mesma progressão do entorpecimento para a dor, daí para a pressão sem dor, e então para o formigamento. Depois começamos a bater na mesa com as juntas externas do pulso. A essa altura,

Sophia era capaz de sentir tudo o que tocava, e não as mãos fechadas e travadas, como vinha acontecendo nos últimos meses. Na realidade, elas estavam relaxadas.

Mandei Sophia deitar-se na mesa e massageei-a durante algum tempo. Em seguida, pus-me a testá-la. Dei-lhe um alfinete, e ela identificou-o apenas pelo tato. Dei-lhe um lápis e ela o identificou como lápis e não como caneta esferográfica, pois o sentiu feito de madeira. Chamei Danny e Vered a fim de poderem compartir do nosso triunfo. Eu me sentia tão feliz que comecei a chorar. O progresso de Sophia era o maior que eu já presenciara. Tanto para ela quanto para mim, aquele foi o dia mais feliz da nossa vida.

Nas semanas que se seguiram, utilizamos o mesmo tipo de exercício para ajudar a restaurar a sensibilidade nos pés de Sophia. Levamos mais tempo para alcançá-lo do que havíamos levado com os dedos das mãos. Sophia não erguia as pernas com facilidade, de modo que a ajudamos a bater com os pés. Após três semanas, porém, ela principiou a sentir qualquer coisa nos calcanhares e, com uma grande quantidade de exercícios e massagens, conseguimos recuperar algumas sensações, embora não todas.

Telefonei para Miriam a fim de contar-lhe o sucesso de Sophia e ela ouviu as notícias com a maior calma. Afinal de contas, ela esperava esses resultados.

Depois, excitadíssimo, telefonei para o dr. Arkin. Ele se mostrou incrédulo e, a princípio, conservou-se na defensiva, mas logo se convenceu de que eu estava falando a verdade. Quando viu Sophia, algumas semanas depois, ficou abismado. Em conseqüência disso, principiou a mandar-nos outros pacientes neurológicos.

Os médicos do hospital de Sophia tiveram uma reação diferente. Quando lhe comprovaram o vastíssimo progresso, modificaram o diagnóstico, trocando a ELA pela esclerose múltipla e chamando o progresso de remissão. Ignoraram o fato de uma pessoa afetada pela esclerose múltipla experimentar a remissão de uma falta prolongada e total de sensibilidade. Não nos referimos ao entorpecimento, que é, em si mesmo, uma sensação, mas à ausência total de sensibilidade.

Não posso proclamar a cura, *per se,* da esclerose múltipla nem da ELA. Mas posso oferecer a possibilidade de recuperar a saúde a quem quer que esteja disposto a aplicar nisso tempo e esforços. Sophia era uma pessoa assim. Decidiu curar-se e curou-se. Em tudo e por tudo, conquistou a cura. Não tinha idéias preconcebidas nem preconceitos; não enfocava o problema intelectualmente. Apenas prosseguia seus esforços, acreditando que alguma coisa haveria de acontecer. Com uma atitude dessa natureza não existe enfermidade que não se possa debelar.

Pouco tempo depois, o dr. Arkin nos enviou Menachem, dono de um restaurante. Menachem fora freqüentemente hospitalizado com ataques de esclerose múltipla, e já se sentia presa de terrível desespero. Passou duas semanas no hospital sem poder deitar-se, sentar-se ou manter-se em pé; em qualquer uma dessas posições era tomado de tontura. Quando recebeu alta, embora continuasse sofrendo de tonturas, encaminhou-se para o departamento de neurologia do hospital, onde cinco neurologistas realizavam uma reunião. Interrompeu-os para contar-lhes sua história e perguntou-lhes:

— Há alguma coisa que os senhores possam fazer por mim?

Todos menearam a cabeça.

Menachem saiu da sala, mas ficou esperando à porta e, à medida que os neurologistas deixavam a reunião, interpelava-os a cada um:

— O senhor não pode ajudar-me?

E todos repetiam:

— Não. Sinto muito.

Mas o dr. Arkin acrescentou:

— Não conheço nenhum tratamento capaz de curar a esclerose múltipla, mas posso recomendá-lo, não oficialmente, a certas pessoas que têm tido algum êxito com ela. Mas, veja bem, não o estou mandando a essa gente como médico, pois não poderia fazê-lo. Isso é totalmente oficioso.

Sumamente cauteloso, o dr. Arkin deixava bem claro que não estava prometendo coisa alguma.

Assim, Menachem veio procurar-nos em última instância. Compreendi o pessimismo do dr. Arkin logo que comecei a examinar Menachem. Tinha as pernas tão fracas que mal conseguia ficar de pé. Um teste revelara que os músculos das pernas quase já não funcionavam. Os membros davam a impressão de ser muito pesados, não só para ele, como também para nós. Danny comentou que quanto mais viva está uma pessoa, tanto mais leves são seus membros, e a sensação de peso não deixa de ser uma espécie de morte. A sensação de peso não tem nada a ver com o peso real, ajuntou Vered.

Bastava que Menachem virasse a cabeça de um lado para perder o equlíbrio e cair. Caminhava como um bêbedo, e todo o seu corpo oscilava de um lado para outro. Sentia-se sempre fatigado e parecia simplesmente cansado de viver. Não via sentido algum em fazer o que quer que fosse, uma vez que cada movimento era acompanhado de uma vertigem, não raro seguida de náusea.

A princípio, não tivemos a menor idéia do que se poderia fazer. Não se encontrara nenhuma resposta médica. Os médicos haviam tentado aplicações de cortisona e, algumas vezes, de vitamina B-12, mas sem resultado algum. Até durante as remissões da esclerose múltipla as tonturas continuavam a piorar dia após dia.

A esposa de Menachem o abandonara por causa da moléstia, e os filhos iam visitá-lo apenas de vez em quando. Ele vira-se obrigado a arrendar o restaurante, pois já não tinha condições de dirigi-lo sozinho. Achava-se prestes a vender a própria casa para ir morar com os pais, e só não o fizera ainda porque não tinha a força física ou emocional necessária para colocar a casa à venda.

No primeiro encontro com Menachem, declarei-lhe que esperávamos que ele fizesse uma série de exercícios. Percebi-lhe a relutância em fazer qualquer coisa. Não era tão-só o esforço e o desconforto que qualquer ação lhe impunha, mas também a necessidade que seu corpo sentia de muito repouso. Decidimos vê-lo três vezes por semana. A primeira coisa que fiz com ele foi mover-lhe com lentidão e a máxima delicadeza cada um dos membros, com a finalidade de estimular-lhe a circulação. Resolvemos cuidar também de seus problemas visuais. O nervo óptico degenerara e a visão estava toldada. O *palming* ajudou muito. Não somente deu aos olhos algum alívio, mas também, através do descanso dos olhos, foi-lhe possível relaxar todo o corpo. Ele se conscientizou da sensação de que alguma coisa o estava constantemente sufocando, emocional e fisicamente, e o *palming* liberou-lhe a sensação.

Depois de apenas duas semanas, o caminhar de Menachem principiou a mostrar sinais de progresso. Nós lhe havíamos ordenado que movimentasse os pés, imprimindo-lhes uma moção giratória, várias centenas de vezes por dia, e em resultado disso, as panturrilhas se fortaleceram. A sensação de relaxamento aumentou-lhe a consciência e aliviou-lhe o medo constante de cair. Mesmo assim, o modo como Menachem caminhava não era muito bom. Coxeava, e achava difícil erguer as pernas.

No transcorrer da sétima sessão, Menachem me confessou:

— Estou começando a melhorar. Ainda tenho tonturas e ainda coxeio, mas estou melhor por dentro. Sinto-me como se quisesse realizar coisas.

Contou-me que, na véspera, fora ao restaurante e pedira aos arrendatários que o deixassem fazer algum trabalho. Sentira tonturas, mas trabalhara duas horas.

— Estou cansado de ficar na cama — confessou ele.

Essa melhora tocou-me profundamente. Notei uma mudança em seu estado de espírito e acreditei que ele seria bem sucedido.

Menachem ainda tinha altos e baixos. Numa sessão contou a Vered que não sabia como poderia continuar vivendo com aquelas constantes tonturas. Mas a nova esperança poderia arrostar contra esse desespero. Foi durante a sessão com Vered, enquanto ela lhe massageava a parte posterior da cabeça, que ele experimentou o primeiro alívio temporário das tonturas. Embora durasse somente algumas horas, era uma clara indicação de que a situação poderia ser atenuada.

Miriam havia me contado que padecera de intensas dores de cabeça durante muitos anos. Uma delas fora tão forte que a impossibilitara de fazer qualquer coisa. Enquanto a cefaléia a torturava, ela se deitara no chão e se pusera a movimentar a cabeça em lentas rotações. A princípio, a dor aumentara, e ela tivera a sensação de que todo o corpo explodiria, mas continuara a rodar a cabeça enquanto fazia massagens no couro cabeludo. Trinta minutos depois, a dor de cabeça passou e ela nunca mais teve outra.

Isso é como empilhar cobertores sobre um paciente com febre a fim de ajudá-lo a expulsá-la mediante a exsudação. Estimula-se o sintoma a alcançar um nível de pico de modo que possa passar mais depressa. Esse procedimento está de acordo com o princípio fundamental da homeopatia. Ocorreu-me, então, que o problema de Menachem poderia ser tratado de maneira semelhante.

Já havíamos trabalhado dois meses e meio com Menachem, quanto ele chegou ao nosso consultório sofrendo, como sempre, de vertigens. Pedi-lhe que se postasse diante da janela e fizesse com a cabeça um movimento rotatório.

— Não posso fazer uma coisa dessas — protestou ele.
— Já estou tonto demais sem isso.

Mas insisti, e, por uma razão qualquer, ele confiou suficientemente em mim para tentá-lo. Completou um movimento circular e ficou nauseado. Tentou de novo e sentiu-se ainda pior, com uma sensação de sufocação no plexo solar. Na terceira tentativa, achou que fosse vomitar e, na quarta, vomitou. Seu rosto assumiu uma coloração pálida, amarelo-esverdeada, e ele disse:

— Acho que vou desmaiar.

O corpo estava frio e úmido, de modo que o ajudei a chegar à mesa, onde lhe fiz uma fricção com óleo para aquecê-lo. Massageei-o até que o corpo se aqueceu de novo, a náusea passou e a pele apresentou uma cor rósea.

Saímos para o alpendre e tentamos mais uma vez. Ele se sentia fraco e enjoado, mas, desta feita, foi capaz de fazer com a cabeça sete movimentos giratórios; depois empalideceu, o corpo voltou a esfriar-se e ele vomitou novamente. Levei-o de novo para a mesa, a fim de aplicar-lhe outra massagem.

Fizemos a mesma coisa pela terceira vez com idênticos resultados. Eu mal podia acreditar que algum de nós estivesse disposto a continuar, mas, de um jeito ou de outro, ambos achávamos estar fazendo a coisa certa. Após a quarta tentativa, Menachem começou a ter menos dificuldade com o exercício. Sua circulação melhorou, criando uma distribuição mais uniforme de sangue entre a cabeça e o resto do corpo.

Ao todo, repetimos o exercício dez vezes! E, a cada vez, os movimentos davam a impressão de mexer um pouco menos com ele. Na décima vez, levei-o para a varanda e foi-lhe possível mover a cabeça trinta vezes circularmente em cada direção. Ele me disse:

— Não estou tonto, nem enjoado, mas estou muito fraco e cansado.

Concordamos em que aquilo fora o bastante por um dia. Massageei-o mais uma vez, transmiti-lhe instruções para não comer coisa alguma durante o resto do dia, e chamei um táxi para levá-lo a casa.

Menachem começou a fazer o exercício diariamente. Já no dia seguinte ao da sessão, foi capaz de imprimir à cabeça um movimento rotativo em cada direção duzentas vezes, sem ficar tonto. A partir daquele momento, fez progressos espetaculares. Andava pela rua e virava a cabeça de um lado para outro a fim de olhar para as vitrinas das lojas. Era capaz de pedalar numa bicicleta durante meia hora e até de andar um pouco, a passo lento e ritmado.

Após obter alívio do pior problema, Menachem começou a entrar em contato com outros aspectos de sua doença. Pôde então perceber como eram fracos e duros seus movimentos, e quão desequilibrados sua postura e seu caminhar. Essa nova percepção das coisas alterou todo o enfoque de vida de Menachem. Tendo deixado de ser a vítima impotente de uma enfermidade misteriosa, foi-lhe possível vislumbrar a causa dos problemas e fazer um esforço para efetuar a mudança.

O trabalho com Menachem ensinou-me muita coisa sobre a importância do "centramento" no trato da esclerose múltipla. Depois de havê-lo auxiliado a vencer a tontura e a reconquistar o equilíbrio, tínhamos de ajudá-lo a reestruturar todo o padrão habitual de movimento, especialmente no andar, e assisti-lo na reconstrução dos músculos das pernas e dos pés.

O centro de Menachem localizava-se na parte posterior da cabeça, onde ela se junta ao pescoço, tornando-lhe difícil a respiração profunda, o que era indicado pela tensão que havia ali e pelo fato de que ele transferia todo o peso do corpo sobre os dedos dos pés ao caminhar. Pedi-lhe que ficasse de pé, ereto, e conservasse os pés paralelos quando parasse ou andasse, concentrando-se no centro do corpo. Ensinei-o a respirar fundo com o abdômen para aumentar a sua consciência dessa área, de modo que pudesse refocalizar ali seu centro de movimentos, seu verdadeiro lugar. O exercício de "centramento" ajuda as pessoas a ter consciência do local de onde provém a força ou impulso de um movimento ou ação. Este não é um conhecimento esotérico — qualquer pessoa que preste atenção ao corpo pode aprender a "centrar". Uma sensação de leveza fluía através dele quando respirava. Coloquei, então, as mãos em seu abdômen e pedi-lhe que visualizasse o relaxamento das costas, vendo-as ficar cada vez mais amplas e compridas. Menachem experimentou um grande alívio da tensão no pescoço e pôde movimentá-lo de um lado a outro sem restrições, mais do que já havia conseguido antes. Enquanto ele prosseguia o exercício — movimentando a cabeça para os dois lados e visualizando as costas tornarem-se mais amplas e mais fortes, o pescoço encompridar-se, o alto da cabeça dirigir-se para o céu e a energia a fluir do centro —, suas vértebras torácicas começaram a emitir um ruído semelhante a um pipocar, embora eu nem sequer as estivesse tocando, sinal de que a espinha se alongava e se relaxava.

Tentamos, então, incorporar a nova percepção ao caminhar. Menachem tendia a retornar ao andar desequilibrado e apertado. Dirigi-lhe os movimentos, lembrando-lhe que devia concentrar-se no centro e sentir a expansão das costas, a extensão dos ombros e o alongamento do pescoço.

Em seguida, pedi-lhe que se sentasse e depois se levantasse sem utilizar os braços. Isso era dificílimo para uma pessoa cujos músculos das pernas estavam tão tensos que se tinham quase paralisado. Ele chegara ao ponto de já não se sentar, mas deixar-se cair numa cadeira e depois usar os braços para erguer-se. Estirando e exercitando os músculos das coxas e mantendo a consciência do centro abdominal como ponto focal do movimento, Menachem pôde sentar-se e erguer-se de maneira coordenada e relaxada.

Acredito que é muito mais importante descobrir por que certas pessoas adquirem sintomas de esclerose múltipla e como podem ser ajudadas. Nosso trabalho com Ilana, Sophia, Menachem e mais de cem outros pacientes de esclerose múltipla revela, mais uma vez, que nenhuma moléstia é incurável. A única coisa indispensável é aplicar o tempo necessário no estudo dos sintomas do indivíduo e do processo que os produz, de modo que possamos mudá-lo de um processo que estimula a constrição para outro que intensifica o movimento e, portanto, a vida.

Capítulo 11

A respiração e a visualização

O sr. Solano ouviu a conferência na Sociedade Vegetariana. Embora não tivesse nenhuma doença séria, teve a idéia de utilizar seus problemas menores, comuns, para informar-se a respeito de si mesmo. Homem bonito de quarenta e poucos anos, o sr. Solano contou-me que tinha um problema menor nas costas e se cansava com muita freqüência. Era um homem compreensivo e inquisitivo.

Queixava-se de um aperto no segmento inferior das costas em conseqüência de má postura e de maus hábitos de caminhar. Em lugar de distribuir o peso do corpo em cada pé e em cada parte do pé, tendia a firmar-se no calcanhar direito, criando assim uma pressão na porção inferior das costas. Também era acometido de dores de cabeça ocasionais. Não se preocupava especialmente com a possibilidade de que o problema da espinha viesse a agravar-se, mas acreditava que, se lograsse relaxar a espinha, seria capaz de relaxar o corpo inteiro e, como resultado, eliminar as dores de cabeça.

Se houver maior quantidade de oxigênio no corpo por efeito de uma respiração mais profunda, o coração não terá de esforçar-se por bombear o sangue dele para o resto do corpo e do resto do corpo para ele. Cada célula exige oxigênio novo como combustível, e esse oxigênio é levado a cada célula pelo fluxo de sangue. As veias transportam o sangue desoxigenado para o coração, e o coração o bombeia para os pulmões, onde ele se enriquece de oxigênio. A seguir, o sangue retorna ao coração, de onde é bombeado, através das artérias, para as células. Se não respirarmos profundamente e não absorvermos uma quantidade suficiente de oxigênio, o sangue deixará os pulmões sem oxigênio suficiente para alimentar competentemente as células. Nesse caso, estas últimas precisarão mandar o sangue de volta com mais freqüência em busca de oxigênio, exigindo do coração que bombeia mais do que seria necessário se uma respiração apropriada houvesse fornecido oxigênio suficiente para os pulmões. Com a respiração superficial crônica, as células não se alimentam convenientemente, e começamos a sentir-nos cansados. Depois de algum tempo, as células se acabam acostumando a isso e não exigem mais oxigênio. A fadiga, a escassa energia, a depressão e muitos problemas comuns passam a fazer parte de um estilo de vida. Já não os reconhecemos como problemas — mas eles nos deixam mais vulneráveis à doença.

O modo como respiramos exerce um efeito sobre a nossa vida emocional. O medo, a cólera e outras emoções negativas perdem um pouco do seu impacto quando respiramos profundamente, demoradamente, regularmente. A respiração profunda traz consigo um sentido de paz e harmonia. A respiração é vida, e quanto mais demorada e profundamente respirarmos, tanto mais vivos estaremos.

Pedi ao sr. Solano que inspirasse e retivesse a respiração contando até sessenta, depois expirasse e contasse até sessenta antes de inspirar outra vez, repetindo o exercício dez vezes de maneira relaxada, próxima da meditação. Ele levou diversas semanas para conseguir contar até sessenta antes de expirar e, depois, antes de inspirar. Para consegui-lo, tivemos de trabalhar, através de massagens e exercícios, com o diafragma, o peito e os músculos do estômago, todos envolvidos na respiração profunda. Esse exercício anima o paciente a fruir, tão plenamente quanto possível, dos benefícios do oxigênio. Cria uma sensação no corpo muito diferente daquela criada pela respiração superficial e rápida.

Pedi ao sr. Solano que visualizasse sua respiração como uma brisa que sopra pelo abdômen adentro, sobe pela espinha e chega até a parte posterior do pescoço. Pedi-lhe, também, que me descrevesse o verdadeiro som de sua respiração, a fim de incentivá-lo a atentar realmente para o som e a experimentar o relaxamento profundo. Enquanto estava deitado, prestando atenção à própria respiração, o sr. Solano sentiu, de repente, um frio intenso. A temperatura ambiente era de trinta e dois graus, numa tarde quente de verão, e, no entanto, ele tiritava de frio.

Ficamos ambos assustados, e o sr. Solano me perguntou por que sentia tanto frio. Pensei por alguns instantes e a resposta veio logo:

— O senhor deve estar profundamente relaxado.

E ele respondeu, ainda tremendo de frio:

— Estou, sim. Na realidade, sinto-me mais relaxado e confortável do que nunca.

Observei, depois disso, que essas coisas acontecem comumente durante o relaxamento pleno. Uma vez que o sistema nervoso central trabalha intensamente quando o corpo se sente frio e funciona mais devagar quando o corpo está quente, e uma vez que o relaxamento *também* permite ao sistema nervoso central funcionar a todo o vapor, o corpo talvez associe o relaxamento a uma sensação de esfriamento ou mesmo a uma frialdade real.

A partir dessa ocasião o sr. Solano se sentiu, internamente, cada vez mais relaxado e expansivo. Tornou-se tão relaxado, que estabeleceu um novo padrão de relaxamento para mim. Ficava de pé igualmente equilibrado sobre os dois pés. A tensão que lhe controlara a mente e o corpo por trinta anos, que produzira dores de cabeça, dores nas costas e um permanente estado de impaciência e frustração, dissolveu-se completamente. Simples exercícios de respiração, praticados por um período de tempo inferior a um mês, curaram-no de todas essas mazelas, e sua atitude geral para consigo mesmo melhorou imensamente.

Mais ou menos nessa ocasião iniciei um trabalho com um paciente portador de anemia, estado em que a provisão de células vermelhas do sangue se esgota. A anemia indica mau funcionamento do fígado e do baço, que são os órgãos chamados hematopoéticos, isto é, responsáveis pela produção das células vermelhas do sangue. Essa situação ocasiona fraqueza, às vezes problemas cardíacos e, no meu entender, também contribui para as moléstias das articulações, como a artrite.

Viva era uma mulher baixa, magra, de rosto pálido em virtude da precária circulação do sangue. Tinha a pele da palma das mãos e da planta dos pés dura e rígida, e era sujeita a eczemas. Queixava-se constantemente de cansaço e, quando entrou na minha sala, na Sociedade Vegetariana, parecia estar completamente exausta.

Casada com um motorista de ônibus, Viva teria uns trinta e cinco anos e era mãe de dois filhos pequenos. Seus pais ainda estavam tão envolvidos em sua vida que ela não sabia o que fazer para livrar-se da influência deles. Sentia-se completamente oprimida pelas circunstâncias. Afigurava-se-lhe não ter controle de espécie alguma sobre si mesma e sobre suas decisões.

Os médicos tendem a encarar a anemia unicamente em função da química do sangue e tratá-la à base de dietas, mas, no meu modo de ver, ela deve ser encarada em função da circulação do sangue. Ora, a circulação inadequada acarreta deficiência na composição química. E eu sabia que, se estimulasse a circulação de Viva, estaria estimulando os órgãos responsáveis pela produção das células vermelhas do sangue.

No tratamento de Viva eu visava a dois objetivos principais: em primeiro lugar, queria criar uma boa e forte circulação por todo o corpo. Em segundo, robustecer e relaxar o corpo completamente exausto. Recomendei a Viva que tomasse banhos de chuveiro quentes e frios, alternadamente. A água quente traz a circulação à superfície, relaxando os músculos, e a fria manda o sangue para o fundo dos tecidos do corpo, estimulando os órgãos internos e obrigando o sangue a fluir mais depressa a fim de manter o corpo aquecido. Relaxando-lhe os quadris e os ombros, por meio de exercícios suaves, e massageando-lhe as mãos e os pés, aumentamos a circulação e, com isso, atraímos o sangue para as extremidades, e fizemos com que ele fluísse vigorosamente através de todo o corpo. Com a aplicação de um creme umectante, tais medidas contribuíram para diminuir o eczema. Ensinei-lhe a respiração profunda, extremamente proveitosa para a circulação, enriquecendo o sangue de oxigênio. A princípio, usamos pouquíssimos movimentos de outro tipo. Era melhor para ela quedar-se simplesmente deitada, respirando. Não a deixei esforçar-se para respirar, pois até a respiração exigia muito dela, e foi-lhe difícil aprender fazê-lo com tranqüilidade.

Em seguida, passamos aos pequenos movimentos para reduzir a rigidez dos músculos e articulações, estado que freqüentemente acompanha a anemia. Massageei-lhe o corpo todo, em especial as mãos e os pés, sempre pálidos e frios. As mãos ostentavam um matiz esverdeado e os pés eram quase alaranjados, mas, depois da massagem, tanto umas quanto os outros assumiram a coloração rósea normal. Trabalhei muito com o peito. Nos músculos do peito se armazenam com freqüência as emoções negativas. Ensinei Viva a esfregar as mãos uma na outra e, depois, a esfregar os pés um no outro enquanto segurava as panturrilhas com as mãos. Isso lhe era particularmente difícil, e ela se cansava logo. Na tentativa de esfregar os pés um no outro, utilizava as costas, os ombros e o estômago com grande esforço. Quando aprendeu a relaxar os músculos não necessários a esse movimento, o exercício tornou-se muito salutar para ela, que passou a fazê-lo sempre que desejava aquecer os pés.

Mostrei a Viva diversas maneiras de massagear as mãos. Com os dedos unidos e as mãos retas, ela as esfregava uma na outra umas cem vezes, mais ou menos. Em seguida, friccionava apenas a ponta dos dedos, um no outro, e, depois, somente a palma das mãos, em movimentos circulares. A variação mais eficaz foi o que chamei de "lavagem das mãos", em que ela esfregava as mãos e os dedos como se os estivesse ensaboando. Com esse movimento podemos ter certeza de que cada parte da mão está sendo massageada e estimulada ao mesmo tempo.

A princípio, Viva sentia muita dificuldade em executar esses exercícios simples, não só em razão da sua debilidade física, mas também porque liberavam grande dose de emoção. Viva saía exausta de cada uma das primeiras sessões de que eu também participava. Encontrava muita dificuldade para perceber quanto podia fazer fisicamente, quais eram seus limites e quando precisava descansar. De modo que principiei a ensinar-lhe exercícios de relaxamento.

Dei-lhe instruções para imaginar o corpo como se fosse muito pesado, depois muito leve. Instei-a a imaginar o sangue fluindo através das veias, descendo pela cabeça abaixo, através do pescoço. Quando o sangue atingia o peito, ela sentia a tensão emocional dissolver-se lentamente. Ensinei-a a visualizar o sangue fluindo pelos músculos das costas, pelo plexo solar, pelos músculos e órgãos da cavidade abdominal, entrando na pelve, descendo pelas pernas até chegar aos pés. Ela passava pelo menos cinco minutos vendo mentalmente o sangue circular pelos pés, imaginando cada um dos dedos aquecer-se cada vez mais, antes de visualizar o sangue voltar para as pernas e subir pelo resto do corpo, até chegar às mãos. Pedi-lhe que sentisse a conexão entre os dedos do pé esquerdo e os dedos da mão esquerda. Ao fazê-lo, ela estimulava a comunicação neurológica entre as duas áreas. Essa sensação de interconexão aumenta a nossa capacidade de influir no funcionamento do corpo, o que, por seu turno, produz melhor circulação e maior vitalidade.

Pouco a pouco, Viva conseguiu vencer o próprio cansaço. Após dois meses de tratamento, tanto as sessões quanto os exercícios se tornaram um pouco mais fáceis para ela. Ainda assim, confessava-me que se sentia freqüentemente exausta.

— Por que você não faz os exercícios de relaxamento sempre que se sente exausta? — gritei-lhe.

E ela respondeu:

— Por que eu não sabia que podia fazê-los. Pensei que fossem só para o período de exercícios.

— Por que não presta atenção ao corpo e pára de fazer apenas o que supõe que deve fazer?

Viva ficou em silêncio.

Depois disso, sempre que se sentia cansada, independentemente do que estava fazendo, interrompia sua atividade de momento e punha-se a praticar os exercícios de relaxamento, ainda que por pouco tempo, para depois voltar, restaurada, aos afazeres normais. Depois de mais alguns meses, a fadiga desapareceu, e as mãos e pés se conservavam aquecidos durante todo o tempo. Percebi então que ela se curara da anemia, e os exames de sangue, realizados mais tarde, confirmaram minha opinião. Ela se sentia e agia como alguém que tivesse voltado a viver. O processo todo levou cinco meses.

Em última análise, a maior parte dos problemas físicos está relacionada com uma circulação deficiente. Trabalhamos sistematicamente no sentido de ativar a circulação de cada paciente que nos procura. Embora só a circulação não provoque a cura, nenhuma cura é realmente possível sem uma boa circulação.

Portadora de um problema grave de hérnia, Dvora tivera de submeter-se a onze intervenções cirúrgicas. Judia ortodoxa, sua vida e suas atividades eram severamente limitadas. A obrigação de observar as muitas restrições religiosas era-lhe um fardo, o que se refletia no andar lento e na postura curvada.

O marido, egocêntrico, difícil de satisfazer, exigia dela muito mais do que estava disposto a dar em troca. Tratava-a antes como criada do que como companheira de sua vida.

Ela tinha os ombros duros e tensos, e a tensão se intrometia em cada músculo do corpo. Conquanto acreditasse devotamente em sua religião, a vida com tantas restrições deixara cicatrizes de raiva e ressentimento não só no corpo, mas também na personalidade. Mulher compassiva, generosa, receptiva a idéias novas e aberta para os outros, tomava conta da família, incluindo o irmão mentalmente instável, assim como de todos e de tudo o que a rodeava. Também cuidava de si mesma e, por isso, viera ter conosco, apesar do escárnio do marido.

Quando vi Dvora pela primeira vez, era mais do que evidente que ela precisava realizar algumas mudanças importantes em sua vida. Perdera a fonte interior de força numa vida exclusivamente votada a atender às necessidades dos outros. Precisava reencontrá-la e construir uma vida em torno dessa força. A expressão estampada em seu rosto quando ela entrou no consultório é algo de que nunca me esquecerei. Uma alma compassiva e terna escondia-se atrás de um olhar duro, agressivo, que se tornara habitual depois de tantos anos de conflito. E, apesar de tudo, os olhos eram quentes e vivazes.

Percebi que Dvora precisava aprender a respirar. Depois de cem respirações lentas e profundas, ela se sentiu relaxada e certa de que melhoraria, tanto física como mentalmente. Expliquei-lhe o que faríamos para fortalecer todos os músculos do abdômen, para que os músculos em torno dos intestinos não se rompessem outra vez.

Seus músculos eram fracos e degenerados, mas eu estava convencido de que ela faria todo o esforço necessário para melhorar. A expressão de seus olhos já se abrandara e neles se podia vislumbrar uma alma carinhosa. Ela me recordou minha avó, para mim a personificação do amor desinteressado, e Miriam, que me conduziu à visão.

O primeiro exercício era muito importante. Ela sempre se sentia oprimida por falta de oxigênio, respirando superficial e rapidamente. Ensinei-a a concentrar-se na própria respiração, primeiro contando a duração de cada expiração e cada inspiração, a fim de obter respirações mais demoradas e mais profundas e, a seguir, expandindo conscientemente o abdômen ao respirar. Isso a ajudou a relaxar-se e a sentir-se mais leve, ao mesmo tempo que lhe revigorou os músculos abdominais.

Massageei-lhe o abdômen, e os músculos responderam imediatamente. Os mais duros logo se relaxaram, e os mais fracos, que se diriam mortos, tornaram-se mais firmes.

Em seguida, coloquei uma das mãos no abdômen e a outra na porção inferior das costas, e pedi a Dvora que imaginasse ver minhas duas mãos encontrando-se no interior do ventre. Disse-lhe que visualizasse minhas mãos, que se abriam, aquecendo e desatando os músculos do abdômen e das costas, fazendo a mesma coisa aos músculos internos, relaxando toda a cavidade abdominal.

Depois disso, ensinei-a a massagear o próprio abdômen e, embora ela carecesse de vitalidade, foi capaz de relaxar um pouco os músculos. Ela respirava mais profundamente e estava experimentando um grande alívio no momento em que foi embora.

Na sessão seguinte, enquanto eu a massageava e relaxava, ensinei-lhe um terceiro exercício. Normalmente, ao andar, ela não fazia outra coisa senão arrastar as pernas pesadas, deixando aos músculos do abdômen e aos do segmento inferior das costas a incumbência de contrair-se e realizar todo o trabalho. Mostrava, com efeito, tendência para usar todo o corpo na execução de qualquer movimento, fazendo um esforço bem maior do que o necessário. Isso lhe mantinha o corpo tenso e frágil.

Pedi-lhe que induzisse conscientemente as pernas a trabalharem sozinhas. Era evidente que ela opunha profunda resistência à mudança de hábitos. Através da respiração profunda e dos constantes lembretes feitos a si mesma para usar apenas as pernas quando se dispusesse a andar (ou quaisquer músculos específicos necessários a cada movimento determinado), veio a fazê-lo, às vezes, durante as sessões e os períodos de exercício. Era meu propósito conseguir que Dvora executasse movimentos automáticos corretos e sem esforço.

O marido de Dvora opôs-se ao tratamento comigo e recusou-se a arcar com as despesas, de modo que ela arranjou um emprego de meio período para cobrir os gastos com o tratamento. Disse-me que agradecia a Deus poder ver-me enquanto o marido estava trabalhando, para não discutir com ele sobre isso.

Entrementes, fazia progressos significativos. As dores da hérnia voltavam de vez em quando, mas o exercício de visualização em que supunha ver minhas mãos atravessando-lhe o abdômen e as costas e encontrando-se lá dentro, quase sempre aliviava a dor. Três meses depois, seu corpo estava muito mais forte, sobretudo os músculos abdominais. Emocionalmente, porém, ainda se sentia oprimida. A filha, que tinha nove anos de idade e fazia xixi na cama, sofria em razão do sofrimento da mãe e dos problemas existentes entre os pais.

Um belo dia, Dvora chegou ao centro sorridente e alegre, pronta para começar o trabalho. Havia feito o serviço de casa e era claro para nós dois que progredira de maneira considerável. Pedi-lhe que respirasse profundamente e, depois de uns poucos exercícios de aquecimento e algumas massagens, ergui uma de suas pernas e ordenei-lhe que lhe sentisse o peso enquanto eu a segurava. Coloquei-a no chão e pedi-lhe que imaginasse que eu a estava levantando outra vez. Até o ato de imaginar que eu lhe erguia a perna fez com que ela percebesse como era difícil o simples relaxar-se e deixar que a perna fosse erguida. Ela ficou vermelha e nauseada, como se fosse necessário um grande esforço para levantar a perna.

A seguir, pedi-lhe que erguesse a perna, e isso lhe pareceu mais fácil do que a visualização, visto que podia usar os músculos do estômago para efetuar o movimento. Entretanto, ao executar efetivamente o movimento, voltou aos velhos hábitos, permitindo que outros músculos trabalhassem em lugar das pernas, se bem que na visualização não pudesse fazê-lo. Ela dependia tanto do abdômen, das costas e da pelve para mover a perna, que a imagem de levantá-la por suas próprias forças a deixara esmagada. Tentei, mais uma vez, fazê-la visualizar a perna levantar-se por si mesma e, mais uma vez, vi-a ficar vermelha e nauseada. Quando lhe pedi que imaginasse estar levantando as duas pernas ao mesmo tempo, chegou a desmaiar.

A experiência foi acabrunhante para ela. Pela primeira vez na vida, Dvora experimentava em sua plenitude os efeitos da tensão e compreendia claramente que a sua era causada pelo modo como utilizava o corpo. Percebeu o que tinha de fazer e determinou-se a fazê-lo. Saiu da minha sala naquele dia sentindo-se pesada e um tanto enjoada, mas com um sentido profundo de desafio e confiança em si própria.

Dvora nunca mais foi a mesma. A partir daquele momento, enfrentou todos os problemas físicos e encontrou na imaginação o seu instrumento mais eficaz. Aperfeiçoou a maneira como fazia os exercícios, e chegou a poder erguer e abaixar as pernas, juntas ou separadas, com pouco ou nenhum esforço. Mas experimentou o sentido mais completo da libertação pela visualização de si mesma deitada de costas, erguendo os pés até esticá-los atrás da cabeça, e rolando para a frente até que as mãos tocassem os dedos dos pés. Na realidade, não podia executar os movimentos, mas o simples fato de se imaginar fazendo-os ajudou-a imensamente.

Principiou a cuidar-se com a devoção que demonstrava

pela família e pelos mandamentos hebraicos. Tornou-se mais forte e sentiu-se mais leve, tanto de corpo quanto de espírito, e sua existência modificou-se de cabo a rabo. Seu relacionamento com o marido começou a melhorar — pelo menos do ponto de vista dela — à medida que aprendeu a erguer-se em pé sozinha, sem a ajuda de ninguém. Os problemas da filha e do irmão passaram a ser uma prioridade, visto que, agora, ela conseguia lidar com eles sem se prejudicar.

Era maravilhoso vê-la vicejar. O progresso foi rapidíssimo depois que ela percebeu o que estivera fazendo errado. Liberando tensões destrutivas e aprendendo a relaxar-se, encontrou a energia indispensável à própria reconstrução, e seus músculos foram ficando cada vez mais fortes, até que se viu completamente curada.

Até aquele momento, só lhe fora oferecido um tratamento sintomático para um problema profundamente enraizado. Os médicos haviam tratado apenas dos músculos rompidos, deixando de lado as pressões emocionais e fisiológicas que tinham causado a lesão. Os cirurgiões haviam conseguido fundir-lhe cirurgicamente os músculos lesados, mas não podiam prevenir rupturas recorrentes. Tratar apenas os efeitos sem dar atenção às causas, na melhor das hipóteses, é insatisfatório, e pode até ser perigoso. Depois que Dvora aprendeu a curar o corpo em seu nível mais profundo e fundamental, não somente aprendeu a tratar do problema da hérnia, mas também ganhou a capacidade de prevenir recorrências futuras.

Depois de tratar por três meses de Naomi, a paciente da espinha a que antes aludi, achei que era chegado o momento de começarmos a revigorar-lhe as pernas, o abdômen e a porção inferior das costas. O primeiro exercício que lhe dei foi o de erguer, deitada de costas, as duas pernas ao mesmo tempo. Ela mal podia levantar uma perna sem precisar fazer um esforço considerável. Pedi-lhe que visualizasse a perna como se fosse muito pesada e curta — curta, porque os músculos se encurtam ao contrair-se. Enquanto ela praticava essa fantasia mental e tentava erguer uma perna, o segmento inferior das costas retesou-se, e ela teve a impressão de que mal podia respirar. Em seguida, ordenei-lhe que imaginasse a perna de tamanho e peso comuns. Ao fazê-lo, as costas se relaxaram e a respiração voltou ao normal. Finalmente, instruí Naomi a imaginar a perna mais comprida e tão leve quanto uma nuvem. Quando ela fez isso, os músculos das costas, completamente relaxados, repousaram quase planos sobre a mesa.

O exercício de visualização ajudou Naomi a sentir a conexão entre as pernas e as costas, e, depois de fazê-lo, foi-lhe possível levantar a perna sem retesar outros músculos. Isso lhe proporcionou um imenso alívio. Após aplicarmos o mesmo procedimento à outra perna, pedi a Naomi que visualizasse a elevação e o abaixamento das pernas simultaneamente, vinte vezes. Ela sentiu uma dor aguda na testa e, por isso, massageei-a para aliviar a dor. Pouco a pouco, não só pôde visualizar a elevação das duas pernas, como também foi capaz de erguê-las.

A visualização tornou-se essencial à nossa terapêutica. Descobri que ela é benéfica a todas as partes do corpo e, para certos indivíduos, tem representado a solução dos problemas físicos. A imaginação é importante, pois nos ajuda a reconhecer sensações e concepções inconscientes relativas ao nosso corpo. Às vezes, a mudança ocorre através da simples percepção, mas, na maioria dos casos, demanda tempo e trabalho. Naomi não compreendera que, no plano subconsciente, ela achava ser muito difícil levantar a perna, nem que, em resultado dessa suposição, estava empregando um esforço demasiado grande para executar um movimento simples. Quando se deu conta do quanto era difícil até imaginar que erguia a perna, toda a sua atitude se modificou. Compreendeu de pronto como a mente influía na movimentação do corpo.

Depois de reconhecermos nossos problemas e suas causas, torna-se muito mais fácil encontrar a solução. A tarefa principal do terapeuta consiste em ajudar o paciente a aumentar sua percepção. Para isso, a visualização é um instrumento de grande valia. Descobri que ela é principalmente eficaz usada em conjunção com a massagem e o movimento. Se uma paciente tem os músculos da perna tensos, o terapeuta pode segurá-la e esticá-la suavemente enquanto pede à paciente que imagine que os músculos estão ficando mais compridos, mais leves e mais soltos, ou que a respiração está fluindo para os músculos apertados, através da perna, e saindo pelos pés. Na realidade, em quase todos os casos os músculos se tornarão mais compridos e se relaxarão.

É claro que o terapeuta deve ser criativo. O mesmo exercício de visualização não serve para todos os pacientes e compete-lhe descobrir o tipo de imaginação que ajudará o paciente. Depois de compreender como era valiosa a visualização, Naomi continuou a empregá-la, juntamente com os exercícios, de maneira muito bem-sucedida, até que, aos poucos, suas costas ficaram fortes e sadias.

Capítulo 12

Distrofia muscular

O toque é o instrumento principal no tratamento da distrofia muscular. Um toque curativo é a primeira exigência do portador desse mal; o toque precisa fazer por ele o que ele, a princípio, por estar tão fraco, não pode fazer por si mesmo. O toque que cura é o toque sensível e responsivo ao estado e às necessidades de determinado paciente. A fisioterapia, tal como praticada hoje, tornou-se um método tão padronizado e formalizado que já não fornece a cada indivíduo o que ele realmente precisa.

Um paciente de distrofia muscular precisa aprender a cuidar dos músculos, não somente para resistir ao processo de degeneração, mas também para reconstituir os músculos que se desgastaram.

Qualquer moléstia causa a destruição de alguma parte do corpo, mas este, se lhe proporcionarem as condições apropriadas, é capaz de superar a moléstia. Com esse tipo correto de apoio, seja ele o repouso, a medicação, a nutrição, a atividade, o cuidado terno e afetuoso, ou o que quer que o corpo mais precise, um paciente pode debelar a mais virulenta das moléstias e voltar à normalidade talvez até mais forte do que antes da investida da afecção.

No caso de pacientes de distrofia muscular, a questão crucial consiste em saber até que ponto os músculos já se haviam deteriorado quando foi empreendido o tratamento. Que quantidade de cuidados dedicar ao paciente? Quanto mais cedo começar o tratamento, tanto maiores probabilidades terá o paciente de voltar ao estado normal.

A massagem aumenta a circulação nos músculos, coisa que os próprios pacientes são incapazes de obter por meio do exercício, e aumenta, desse modo, o suprimento de nutrientes essenciais às células. A massagem auxilia as transmissões neuromusculares pela estimulação dos nervos. A respiração torna-se mais profunda e mais fácil à proporção que o paciente massageado principia a relaxar-se, aumentando o fornecimento de oxigênio destinado a todo o corpo.

Houve quem sugerisse que os músculos dos pacientes de distrofia muscular ficam exaustos por efeito da absorção insuficiente de cálcio. Seja qual for a razão, o certo é que os músculos de um paciente de distrofia muscular carecem totalmente de energia. Já ficou demonstrado que a massagem ajuda a trazer novas energias a músculos exaustos, possibilitando movimentos mais vigorosos. Essa energia não pode ser obtida pelo paciente de distrofia muscular de nenhuma outra maneira.

É muito importante que os portadores dessa moléstia recebam o repouso apropriado durante o tratamento. Muitos pacientes se prejudicam tentando agir normalmente; os esforços feitos nesse sentido provocam grande tensão e sobrecarga dos músculos e nervos. Nós verificamos que qualquer espécie de tensão imposta aos tecidos enfraquecidos de um paciente de distrofia muscular é destrutiva. Esses tecidos precisam ser revigorados por intermédio da massagem, antes que se possa exigir deles que trabalhem em qualquer potencialidade.

É da máxima importância para o terapeuta sentir a intensidade correta de pressão que aplicará quando estiver tocando o paciente. Isso é verdade no tratamento de qualquer espécie de distúrbio, mas é essencial nos casos de distrofia muscular.

O tratamento da distrofia muscular requer um toque muito leve, e o terapeuta deve ser capaz de avaliar não somente o grau de pressão exigido pelo paciente, mas também o grau de pressão de que necessita cada grupo individual de músculos. O tecido que ainda não se deteriorou, mas que foi forçado, requer um toque muito mais firme do que um músculo cujo processo de destruição já se iniciou.

O calor das mãos do terapeuta serve de instrumento para criar a estimulação, o relaxamento e uma sensação de energia nos músculos do paciente. Executada corretamente, a massagem tanto pode relaxar quanto fortalecer os músculos. O terapeuta precisa ter consciência do grau de debilidade e de fadiga dos músculos e da sua capacidade de movimento. Um toque incorreto pode cansar, retesar e até lesar os músculos. O terapeuta sensível usa a massagem como catalisador para estimular os próprios processos de cura e regeneração do corpo.

A escolha da técnica, da quantidade de pressão aplicada por intermédio dos dedos do terapeuta, do nível de concentração e de empenho, a percepção do instante em que deve ser encerrada a sessão — todos esses aspectos da sensibilidade e do conhecimento concorrem para a eficácia da terapêutica. Até o toque mais delicado, que se aplica no momento errado, quando o paciente está cansado, pode ter efeitos desastrosos sobre os músculos.

O passo seguinte no tratamento da distrofia muscular é o emprego do movimento "passivo", isto é, o movimento em que partes do corpo do paciente são acionadas mais pelo terapeuta do que pelo próprio paciente, durante a massagem.

Uma massagem delicada e penetrante pode ser tão vigorosa e estimulante para um paciente de distrofia muscular quanto o é a corrida para uma pessoa normal. Aumenta, ao mesmo tempo, a velocidade e a pressão da circulação, bombeando o sangue para os tecidos, e, portanto, ampliando o suprimento de oxigênio por todo o corpo. Ajuda o sangue a transportar para fora depósitos de materiais de refugo e, de um modo geral, aprimora as condições dos músculos. A massagem também aumenta a espessura dos tecidos massageados. O movimento passivo só deve ser utilizado depois que os músculos do paciente tiverem recebido o benefício da massagem, e há de fazer-se com muitíssimo cuidado.

O movimento passivo propicia inúmeros benefícios. Libera as tensões nos músculos que se apresentam retesados pelo fato de realizarem o trabalho dos músculos mais fracos. Os músculos sobrecarregados de trabalho, quase permanentemente contraídos, tornam-se duros e apertados, sinal de esforço e fadiga e não de degeneração. Referimo-nos aos músculos contraídos como "mal-alimentados", pois, em seu estado de contração, restringindo o fluxo do sangue, da linfa e de outros fluidos vitais, são incapazes de receber e utilizar o suprimento necessário de nutrientes e oxigênio.

O estado de contração é responsável por muitos problemas que surgem no corpo. Num paciente de distrofia muscular intensifica-se o problema, pois esses músculos, na realidade, trabalham para outros que, geralmente, além de não ser utilizados, estão efetivamente deteriorados e, portanto, *incapazes* de desempenhar suas funções.

Se dois músculos mantêm um osso no lugar, e um deles se enfraquece, o mais forte puxará o osso para si, desviando-o do alinhamento natural. Na tentativa de agir normalmente, o paciente de distrofia muscular aplica enorme tensão nos músculos saudáveis, alvos do ataque da mesma enfermidade que já destruiu outros. Essa tensão e esse esforço aceleram o processo desencadeado pela enfermidade.

O movimento passivo reacostuma os músculos ao movimento, sem exigir deles que lutem contra a gravidade ou a resistência. Permite aos músculos funcionais e não-funcionais gozar dos benefícios do exercício suave, sem cansá-los. Um movimento circular ou rotatório é utilíssimo, pois inclui *todos* os músculos que deveriam ser usados em determinado movimento, em vez de enfatizar apenas uns poucos dentre eles.

A tendência de sobrecarregar alguns músculos deve ser corrigida, sobretudo em pacientes que não têm a capacidade de utilizar igualmente todos eles. O movimento deve também ajustar-se aos músculos envolvidos; os fracos hão de ser movimentados suave e repetidamente, ao passo que os fortes, mas contraídos, precisam ser estendidos de maneira mais vigorosa.

Em casos de distrofia muscular, os pacientes requerem centenas de horas de massagem e milhares de horas de movimento passivo antes de seus músculos poderem ser desenvolvidos para realizar, sozinhos, exercícios ativos.

Este é o nosso padrão básico de tratamento da distrofia muscular: massagem, movimento passivo e, a seguir, movimento ativo, com aumento suave e gradual da intensidade e da duração. Documentamos o uso desse tratamento na reconstituição de músculos atrofiados e distróficos. Cada paciente de distrofia muscular tratado por nós ostentou o engrossamento e o fortalecimento de fibras musculares que haviam sofrido originalmente um processo de degeneração. O desenvolvimento de músculos atrofiados, tarefa dificílima, exige muito do fisioterapeuta e do doente pois requer o empenho total do terapeuta, do paciente e dos membros de sua família.

A Sociedade Vegetariana organizava inúmeras conferências sobre saúde e medicina, a que compareciam prestigiados médicos e profissionais da saúde. Foi numa dessas conferências que conhecemos o dr. Arkin, o neurologista de que já tivemos ocasião de falar e que também praticava a acupuntura.

Se bem que o progresso de Vered tivesse sido notável, ela ainda claudicava acentuadamente. Vered e eu contamos ao dr. Arkin o que tínhamos feito por ela até aquele momento e perguntamos-lhe se não podia fazer nada pela perna dela. Interessadíssimo, ele convidou-nos para ir à sua casa a fim de conversarmos informalmente.

Levamos Danny conosco, e o dr. Arkin ficou muito impressionado com o desenvolvimento muscular que Danny exibia nos braços e nas coxas. Pôde ver desde logo que os músculos de Danny eram os mesmos que, na maioria das pessoas, se mostram subdesenvolvidos, mas que Danny fortalecera para substituir os que se haviam deteriorado.

O dr. Arkin examinou-me os olhos e ficou assombrado quando viu os cristalinos fragmentados.

— Com esses cristalinos você deveria estar completamente cego — disse-me ele.

Em resposta à nossa primeira indagação, o dr. Arkin declarou-nos que a acupuntura nada poderia fazer para aumentar a mobilidade de Vered e que o nosso método representava, provavelmente, a melhor solução do mundo para ela. Quem mais o interessava, porém, era Danny. Na peregrinação que fizera de clínica em clínica em busca de cura, Danny passara pela clínica do dr. Arkin, de modo que este pôde ter acesso aos seus registros. Assim, foi-lhe possível apreciar o enorme progresso que Danny realizara, e isso, mais do que qualquer outra coisa, convenceu-o do valor do trabalho que vínhamos realizando havia já algum tempo.

A forma da distrofia muscular de Danny, o tipo Duchenne, é considerada genética, caracterizada pela atrofia e pelo desgaste progressivos dos músculos. O início da distrofia muscular do tipo Duchenne verifica-se em tenra idade, e ocorre com maior freqüência em meninos. Os especialistas acreditam que se trata de um defeito genético do metabolismo muscular. A medicina não conhece uma cura para essa enfermidade.

Existem muitas formas de distrofia muscular. Algumas, como a do tipo Duchenne, muito graves, costumam ocorrer na infância e provocam rapidamente a degeneração dos músculos, a paralisia e a morte. Outras, como a distrofia muscular fácio-escápulo-umeral, em que estão envolvidos músculos do rosto, do ombro e do braço, molestam uma área mais localizada do corpo e produzem a atrofia mais gradativa, que acarreta finalmente uma fraqueza cada vez maior e a paralisia parcial ou total, mas nem por isso invariavelmente fatal.

A moléstia só ataca os músculos estriados ou esqueletais, que são os músculos externos, fibrosos, utilizados na execução de movimentos voluntários. Conquanto não estejam seguros no tocante à causa da distrofia muscular, os pesquisadores insistem num tratamento químico, embora ainda não saibam se, de fato, a causa é química.

Na prática normal, não se dão esperanças aos pacientes de distrofia muscular. A eles reservam-se uma deterioração gradativa e progressiva dos músculos e, finalmente, a morte. No caso da distrofia muscular do tipo Duchenne, a morte costuma sobrevir antes dos dezoito anos de idade e, na maior parte dos casos, mais cedo, na primeira infância. Quanto mais idade tiver a criança no início da moléstia, tanto mais longo será o processo de decadência, visto que, nesses casos, existe mais tecido muscular para ser destruído. Raras vezes a distrofia muscular do tipo Duchenne ataca indivíduos que já tenham ultrapassado a puberdade.

O dr. Arkin enviou-nos um paciente que apresentava um caso inusitado de distrofia muscular. O sr. Kominski já estava com mais de cinqüenta anos quando veio procurar-nos.

O processo de deterioração se iniciara quando ele tinha cerca de vinte anos e se desenvolvera muito lentamente por mais de trinta. Até um ano antes, parecera quase normal, mas, depois disso, seu estado piorara dramaticamente. Era dono de uma pequena fazenda de laranjas e limões e principiou a encontrar dificuldade para apanhar as frutas, pois mal conseguia levantar os braços. O sr. Kominski consultara diversos médicos e curandeiros, mas ninguém solucionara seu caso.

Testei-lhe os músculos e verifiquei que os peitorais estavam muito contraídos e praticamente se haviam atrofiado. Tinha a garganta tão apertada que mal podia falar. Os músculos dos braços haviam ficado rígidos e duros e os braços apenas se moviam. Os poucos músculos das pernas que ainda conseguia utilizar mostravam-se extremamente rígidos, até quando ele descansava, sinal inconteste de que esses músculos estavam trabalhando muito além de sua capacidade.

Disse ao sr. Kominski que ele precisava parar de ultrapassar os próprios limites com os músculos em tal estado de exaustão. Nossa primeira sugestão foi a de que ele cessasse incontinenti algumas atividades, sobretudo o cuidado do pomar e dos campos. Era-lhe preciso tomar consciência da própria fraqueza e depois trabalhar no sentido de fortalecer-se.

Iniciei o tratamento massageando-lhe os músculos, o que constituiu para ele um grande alívio, se bem que isso acontecesse várias sessões antes de se manifestarem os primeiros resultados do tratamento. Gradativamente, o sr. Kominski começou a sentir aumentarem as energias, e seu corpo, a funcionar melhor. Principiamos a entender-nos às mil maravilhas e a apreciar-nos mutuamente.

Por nossa sugestão, ele foi consultar o dr. Frumer, a fim de pedir-lhe uma dieta natural. Deixou de comer carne e iniciou uma dieta de alimentos simples, não processados industrialmente, que lhe ajudou o corpo desgastado, facilitando a digestão e baixando o nível do material tóxico que o corpo era obrigado a eliminar. O principal problema do sr. Kominski resumia-se em seu total desconhecimento do que era benéfico para o seu corpo e do que não o era.

Depois de apenas três semanas, ele melhorara de forma tão significativa — achando muito mais fácil utilizar os braços, caminhar e se movimentar de um modo geral — que foi visitar sua neurologista, a dra. Kotter, para mostrar-lhe os resultados produzidos pelos exercícios.

Como neurologista-chefe do hospital, a dra. Kotter dirigia um grupo de treze neurologistas. Ela convocou uma reunião para mostrar aos médicos e a um grupo de estudantes de medicina os progressos apresentados pelos músculos do sr. Kominski. O caso dele parecia confirmar-lhe as próprias idéias, como o que um paciente de distrofia muscular mais precisa é o tipo certo de terapia de movimento.

A dra. Kotter mostrou-se desejosa de conhecer-nos. Isso me deixou muito nervoso, pois eu mal completara vinte anos de idade e não tinha nenhuma educação convencional. Telefonei, portanto, para o dr. Arkin, que me tranqüilizou, dizendo que ela era uma pessoa de espírito muito aberto e que, em hipótese alguma, eu devia deixar de encontrar-me com ela.

A primeira coisa que fizemos foi mostrar à dra. Kotter os documentos do histórico médico de Danny, e ela ficou tão impressionada com o progresso dele que expressou dúvidas quanto ao fato de haver ele, alguma vez, sofrido de distrofia muscular.

A visita que fizemos à dra. Kotter foi cordial e, como neurologista-chefe de um hospital importante, ela nos fez um verdadeiro cumprimento ao dizer-nos:

— De uma coisa tenho certeza: vocês três são autênticos. Há muita coisa que não sabem, e eu os corrigirei sempre que disserem algo que não tenha sentido para mim como médica. Mas aprecio seu trabalho, e prometo mandar-lhes pacientes para verificar os resultados que estão obtendo.

Vindo de uma pessoa como ela, isso foi um grande elogio.

Algumas semanas depois, a dra. Kotter enviou-nos Lili. Ela dissera ao pai de Lili não haver mais nada que se pudesse fazer, no terreno da medicina, para ajudar-lhe a filha, que padecia de distrofia muscular.

— Quanto à alimentação, o senhor pode dar-lhe a sopa que quiser, mas também não creio que isso venha a ajudá-la. Conheço, entretanto, três moços que talvez sejam capazes de auxiliá-la. Se os procurar, faça-me o favor de manter-me informada sobre os resultados.

Lili tinha cinco anos. Os primeiros sintomas de distrofia muscular haviam surgido aos dezoito meses de idade, e a menina já sobrevivia ao prognóstico do primeiro médico. Embora apenas engatinhasse, os pais nunca lhe deram uma cadeira de rodas, desconfiados que isso poderia causar-lhe um trauma psicológico. Gostei de saber disso, porque o fato de sentar-se numa cadeira de rodas lhe teria roubado a pequena oportunidade de que ainda dispunha para fazer algum movimento.

Lili, muito fraca, tinha o corpo magro e deformado. Suas mãos caíam para os lados e não se sustentavam na frente. As omoplatas e a clavícula se salientavam para fora dos encaixes, apenas cobertos de pele. As costas, arqueadas, lembravam a curvatura de uma banana. O pescoço era tão fraco que a cabeça pendia para a frente e caía sobre o peito. Quando ela engatinhava, progredia às cegas, com movimentos laterais ineficazes, em lugar de dirigir-se para a frente, como as crianças normais. Mal respirava.

Na primeira vez que a examinamos, verificamos que lhe era difícil erguer os braços. Não conseguia movê-los de maneira alguma contra qualquer resistência. Tampouco tinha forças para erguer as pernas e, quando lhe pedimos que se deitasse de bruços e dobrasse o joelho, mal conseguia erguer o pé uns poucos centímetros. Para ela, qualquer movimento normal se revelava praticamente impossível. Não tinha força no corpo.

Prescrevemos-lhe massagem e movimento passivo, isto é, o movimento executado pelo terapeuta e não pelo paciente, em que parte do corpo do paciente é segura pelo terapeuta, que a exercita delicadamente. Isso é muito diferente do que se faz na fisioterapia. Na fisioterapia, quando temos um músculo fraco, a recomendação que habitualmente recebemos é a de trabalhá-lo vigorosamente. Tentamos imprimir aos músculos fracos de Lili os movimentos mais fáceis e, em seguida, mostramos-lhe o que devia fazer para continuar esse movimento sozinha.

Ensinamos a mãe de Lili a fazer um movimento rotativo nos pés da filha, e depois nas pernas, nos joelhos, nos cotovelos e nos braços, e em cada dedo dos pés e das mãos, enquanto Lili, deitada de costas, movimentava a cabeça de um lado para outro. Após duas sessões, a mãe de Lili telefonou comunicando-nos que a filha se havia lembrado de todos os exercícios. Ela até corrigira alguns erros cometidos pela mãe ao tentar ajudá-la. Lili era maravilhosamente alerta e perceptiva e, depois de duas sessões, entusiasmou-se pelo tratamento e pelos exercícios. Eu diria que ela dava a impressão de sentir que uma grande mudança se aproximava e que sua percepção a ajudou a pôr fim ao processo de degeneração.

Ao fim de três sessões, Lili já não sofreu nenhuma nova perda de função. Com o auxílio da mãe, fazia quatro horas de exercício todos os dias. Quando terminamos a quinta sessão, ela já conseguia deitar-se de costas e erguer as pernas até formar ângulos retos com o corpo, e a erguer os braços, retos, acima da cabeça. Os músculos do pescoço também começaram a ganhar força e mobilidade, embora a cabeça continuasse a pender para a frente. Completadas sete sessões, ela conseguia engatinhar sobre as mãos e os joelhos, como qualquer criança normal.

Poucas semanas após a primeira sessão, Lili deu os primeiros passos em três anos. Ainda tinha as costas deformadas, com uma curvatura da espinha bem pronunciada, o que não lhe permitia ficar de pé com facilidade, de modo que eu tinha de amparar-lhe as costas a fim de ajudá-la a manter-se ereta. Eu lhe amparava as costas com uma das mãos e o abdômen com a outra, quando ela ensaiou alguns passos!

Menos de uma semana mais tarde, Lili foi capaz, com uma pequena ajuda, de descer a escada para chegar ao carro da mãe. Esse foi o progresso mais rápido e mais espetacular que já presenciei num paciente de distrofia muscular. A alegria de ver aquela menininha em pé foi tão grande, que nunca mais me deixou. O caso dela revelou-se um dos mais assombrosos. Bastaram vinte e um dias para levar a termo a sua transformação, de uma menina quase paralítica numa garota que andava normalmente.

Não é necessário dizer que o nosso trabalho com Lili valeu-nos o respeito da dra. Kotter, que principiou a mandar-nos um número cada vez maior de pacientes. Era um prazer para nós trabalhar em harmonia com a comunidade médica. Nosso desejo consistia em alcançar o maior número possível de pessoas e, para isso, o apoio dos médicos mostrou-se de grande valia.

Há seis anos, uma mulher de Kodiak, no Alasca, veio a San Francisco a fim de tratar dos olhos comigo. Como ela não podia ficar em San Francisco e queria continuar trabalhando comigo, organizou um seminário em Kodiak. A ilha de Kodiak faz parte da cadeia das Aleutas e é a segunda maior ilha dos Estados Unidos. Correntes oceânicas procedentes do Japão proporcionam-lhe uma temperatura relativamente alta, e a ilha está repleta de paisagens maravilhosas. Fui recebido de maneira muito calorosa pelos ilhéus, cuja maioria era formada de pescadores.

O seminário foi uma espécie de resenha de tudo o que eu havia aprendido até aquela data. Representou para mim e, creio-o, para todos os seus participantes, uma experiência memorável. A concentração do trabalho e o grupo numeroso criaram uma intensidade que me ajudou a orientar muitas pessoas para um crescimento físico, emocional e até espiritual.

No início do seminário, pedi às pessoas que se apresentassem pessoalmente. Foi quando conheci Steve. Um homem meio corcunda, desleixado e com uma expressão de completo desamparo. Embora vestisse colete, pude perceber-lhe os ombros emaciados.

— Sofro de distrofia muscular fácio-escápulo-umeral. É uma doença hereditária. Meu irmão também sofre da mesma enfermidade. Haverá algo que eu possa fazer para livrar-me dessa moléstia? — perguntou-me ele, à guisa de apresentação.

Durante o seminário tive a oportunidade de olhar para os ombros de Steve. Os músculos do peito, dos ombros e dos braços estavam terrivelmente desgastados. Ele só era capaz de fazer com os braços a metade do movimento para cima que conseguem fazer as pessoas normais e, quando os movia, eles produziam um ruído, um rangido, não o rangido costumeiro de pescoços e ombros tensos, mas um ruído real do atrito dos ossos escapulares e claviculares.

Os músculos, fracos, não eram capazes de mantê-los separados. Steve padecia também de severa tensão no segmento inferior das costas, nos braços e no pescoço, onde os músculos tinham ficado muito compactos como forma de compensar os ombros fracos.

Após o seminário, Steve veio procurar-me em busca de tratamento. Massageei-lhe as costas e os ombros, e isso bastou para que ele pudesse erguer os braços sem provocar rangido. A esposa, Elaine, lá estava para observar. Psicóloga convencional, filha de médico, a princípio ela confessou-se cética.

Porém, até Elaine pôde ver que, à proporção que eu massageava os músculos do peito do marido, eles pareciam ficar mais substanciais. À medida que eu pressionava e apertava a porção inferior das costas, liberava as tensões ali concentradas, de modo que maior quantidade de sangue fluía para os ombros; e depois que apliquei massagens em torno da clavícula, os músculos trapézios também pareceram mais grossos. No fim de tudo isso, Steve conseguiu erguer os braços vinte centímetros mais alto do que antes.

Elaine se convertera tão completamente aos nossos métodos que ela e Steve me arranjaram outro seminário em Kodiak. Depois que deixei a ilha, seguiram cuidadosamente minhas instruções. Steve estivera empenhado num trabalho físico duro, como homem encarregado de pequenos serviços, uma espécie de faz-tudo, que lhe pressionava os ombros. Por sugestão minha, largou o emprego e conseguiu um trabalho menos árduo. Elaine passava uma hora, todos os dias, massageando-o e ajudando-o com os exercícios. Seu amor e devoção fizeram dela uma terapeuta eficientíssima. Steve tratava do corpo quatro horas por dia, realizando rotações da cabeça e do pescoço, exercícios de inclinação, estiramento das pernas e movimentos delicados dos ombros, dos pulsos, dos cotovelos e das mãos, com a finalidade de soltar os músculos sobrecarregados de trabalho e desenvolver os músculos distróficos.

Encontrei-me com Steve um ano depois. Era capaz de girar os ombros, abrir e fechar as mãos, fazer com os antebraços, as mãos e os cotovelos um movimento rotativo sem nenhuma tensão, e erguer os braços e movimentá-los de maneira completamente normal, sem qualquer rangido. Os músculos do peito e do ombro estavam visivelmente mais desenvolvidos. A disposição de Steve também melhorara. Ele fora um homem irritadiço, colérico e impaciente. Todas essas emoções serviam para encobrir um sentimento de fraqueza, frustração e impotência. Com a nova força vieram-lhe também uma nova confiança e estabilidade emocional.

Ele e Elaine viviam singelamente, num chalé em plena floresta, num dos locais mais belos do mundo. Entretanto, nem mesmo esse ambiente tranqüilo, isento de pressões, fora suficiente para dar paz de espírito a Steve. Somente o delicado e gradativo revigoramento do corpo realizara a proeza. O trabalho em seu corpo fora um trabalho de amor, tanto dele quanto da esposa, e o levantara tanto física como espiritualmente.

Durante os anos que se passaram depois disso, Steve prosseguiu na tarefa de desenvolver os músculos, que agora parecem completamente normais. Alcançada a meta, Steve compreende que nunca mais terá "acabado" de tratar do próprio corpo. A moléstia forneceu-lhe um veículo para aprimorar cada aspecto da sua existência e para torná-lo mais vivo.

Capítulo 13

Problemas dos olhos

Durante o tempo que trabalhamos na Sociedade Vegetariana, quando a nossa clínica já era florescente, uma das minhas pacientes de olhos, bem-sucedida, perguntou-me se eu não queria conhecer seu filho, oftalmologista-chefe do hospital em que trabalhava a dra. Kotter. Hesitei em encontrar-me com um homem cujas idéias a respeito do tratamento dos olhos deviam ser opostas às minhas, mas a mãe assegurou-me que era uma pessoa de vistas largas. Descobri, mais tarde, que ela o persuadira a conhecer-me utilizando o mesmo tipo de argumentos e de persuasão.

Na manhã que precedeu o meu encontro com o dr. Zimmerman, passei muito tempo fazendo exercícios de olhos. Relaxado e confiante no meu trabalho, deixei que a mãe me conduzisse à sala dele no hospital. O dr. Zimmerman revelou-se um jovem agradável, dono de um sorriso largo e bonito.

Ouviu com grande interesse o que eu lhe disse sobre a minha história e as minhas teorias. Quando me examinou os olhos, garantiu-me que teria feito um trabalho melhor com a cirurgia, e afirmou que os meus cristalinos pareciam lentes que tinham caído ao chão e foram depois pisoteadas. Em seguida, testou-me a vista e simplesmente não pôde acreditar na minha capacidade de visão, e nem que os meus olhos fossem capazes de acomodar-se à luz.

Discordamos a respeito de muitas coisas. Ele não acreditava que os óculos fossem prejudiciais. Expliquei-lhe a idéia do dr. Bates, segundo a qual os óculos enfraquecem os olhos ao impedi-los de trabalhar sozinhos e ao focalizar maior quantidade de luz sobre a mácula (ou seja, o centro da retina que enxerga melhor os pormenores) do que a que essa nódoa pode aceitar confortavelmente. Acreditou, todavia, que os exercícios dos olhos podem ser eficazes em determinados casos. Contudo, ele não conseguiu aceitar a idéia de que a forma do olho pode mudar efetivamente.

Após a nossa conversa, polida e estimulante para os dois, não se mostrou muito interessado em utilizar pessoalmente os meus métodos, de sorte que nos despedimos como se esse encontro tivesse sido completo e não precisássemos ver-nos outra vez. A mãe dele, obstinada em não se deixar vencer, decidiu que, se o filho não queria prosseguir comigo nas experiências que eu vinha fazendo, ela acabaria encontrando outro médico que estivesse disposto a tanto. E conversou com um colega do dr. Zimmerman, induzindo-o a experimentar o meu trabalho.

O próprio dr. Shem tinha problemas de visão, e encontrou-se comigo em casa da sra. Zimmerman.

— Não se pode fazer nada que não seja convencional no hospital — lembrou-me ela.

Ensinei-lhe exercícios de relaxamento e de *sunning* e, terminada a sessão, estava tão relaxado que adormeceu. A exercitação dos olhos era coisa totalmente nova para ele.

Depois da sessão, o dr. Shem praticou os exercícios religiosamente, e sua visão experimentou algum progresso. Isso o deliciou, não só devido ao progresso obtido, mas também porque o fazia sentir-se temerário e aventureiro. Continuou a exercitar-se durante vários meses, e em resultado dos exercícios, melhorou consideravelmente a visão.

Conheci outro oftalmologista em casa da sra. Zimmerman, que me afirmou que os exercícios para os olhos são totalmente destituídos de valor e que tudo isso era mito. Asseverou ser impossível medir quaisquer resultados objetivos obtidos com os exercícios visuais. Achei divertidas as suas palavras, visto que os descobrimentos "objetivos" dos testes oftalmológicos variam de dia para dia, e até de hora para hora, se os testes se repetirem.

Os oftalmologistas passam por alto as mudanças constantes registradas na acuidade visual de cada indivíduo, pois vêem os pacientes apenas alguns minutos, e baseiam seu conhecimento no que descobrem nesses poucos minutos. Toda gente sabe que os olhos pioram quando cansados, sobrecarregados de trabalho ou doloridos. A negligência por parte dos oftalmologistas sobre esse fato sempre representou um grande mistério para mim.

A oftalmologia conta com muitos instrumentos sofisticados para empregar na luta contra os distúrbios dos olhos, mas, no meu entender, continua primitiva. Não existe uma ciência da oftalmologia preventiva. Talvez seja necessário encontrar tratamentos para todos os problemas "críticos" dos olhos antes de se poder levar a sério a idéia da oftalmologia preventiva. Estou certo de que as teorias claras e diretas do dr. Bates ainda serão, algum dia, endossadas por oculistas convencionais e não apenas pelos pacientes que tiverem sido beneficiados por elas.

O método Bates, muito eficaz, alicerça-se em idéias sólidas e factíveis. Bates tinha uma abordagem que ajudava realmente as pessoas a curar seus problemas de vista, não apenas probleminhas comuns, mas também moléstias muito graves, degenerativas, dos órgãos da visão. Ele não achava que seus descobrimentos contrastassem o espírito da profissão, mas considerava-os um meio que tinha tudo para dilatar os horizontes da oftalmologia.

Entretanto, nenhuma profissão já recebeu alguma vez de braços abertos mudanças de grande alcance em sua prática. Bates não só ficou desacreditado, como sua licença para clinicar foi cassada. Conquanto suas idéias fossem rejeitadas pela oftalmologia convencional, continuou a ajudar milhares de pessoas a superar os problemas visuais. Seja qual for o terreno, os pioneiros são quase sempre perseguidos e forçados a lutar pelo que acreditam ser meritório e verdadeiro.

Bates sempre fez questão de sublinhar que seu método, na realidade, não é um método fixo, mas deve ser ajustado sutilmente às necessidades particulares de cada indivíduo. Enquanto descrevia os exercícios, dizia também que, se o paciente não encontrasse ajuda nos exercícios publicados no seu livro, devia tentar desenvolver outros por meio de experiências, como o fizera o próprio Bates. Ele compreendia que não existe uma técnica única, capaz de auxiliar toda gente. Somente o relaxamento é um fator sistematicamente eficiente.

Bates compreendia que os problemas dos olhos podem resultar de preocupações e estafa, bem como de um meio ambiente insalubre. Os fatores ambientais que prejudicam a visão incluem a luz fraca, o ruído, a poluição da atmosfera e a ausência de horizontes distantes, que propiciam aos olhos a oportunidade de "esticar-se".

O tédio é outro fator. Quando estamos entediados, manifestamos uma tendência a não focalizar e deixar os olhos "vidrar-se". O citado hábito, que pode conduzir à miopia e ao astigmatismo, não raro começa na infância. Na sala de aulas típica, atmosfera extremamente insalubre para os olhos, as crianças passam seis horas por dia num espaço fechado, iluminado artificialmente, tentando prestar atenção a lições que são, com demasiada freqüência, entediantes ou frustrantes. Elas começam a olhar para o vazio ou deixar que os olhos vagueiem de um lado para outro, sem objetivo, o que borra a visão e pode causar um dano permanente. Não é de admirar que muitas crianças que entram na escola com olhos perfeitamente saudáveis precisem de óculos ao completar nove anos de idade. Nenhum dano causado aos olhos, entretanto, é necessariamente irreversível. Pelo reconhecimento das causas da má visão e pela criação de condições saudáveis para os olhos, todo o dano poderá ser desfeito.

Aos oitenta anos de idade, tia Esther sofreu um acidente de automóvel e quebrou a perna. Ficou de cama durante três meses, e, ao fim desse tempo, um neurologista lhe declarou que ela estava com a doença de Parkinson. Recomendou-lhe que fizesse fisioterapia com o propósito de impedir que as articulações se endurecessem e degenerassem.

Tia Esther telefonou-me e perguntou se eu não queria ser seu terapeuta. A minha agenda naquele tempo estava completamente cheia, por isso abri mão de meus exercícios matutinos na praia para trabalhar com ela. Eu apreciava imensamente as sessões na praia, e sabia que tia Esther seria uma paciente difícil, mas em sã consciência não poderia recusar-me a ajudá-la.

Como era de se esperar, ela se mostrou completamente resistente. Recusava-se a cuidar do próprio corpo fora das nossas sessões. Aceitou os tratamentos como castigo e não se interessou pelos modos como poderia acentuá-los.

Quando fui vê-la pela primeira vez, ela nem sequer podia sair da cama. Depois de um mês dedicado a soldar-lhe as articulações e a reduzir-lhe os tremores, através de exercícios de relaxamento e meditação, principiamos a caminhar juntos, e eu lhe mostrei o que devia fazer para andar de maneira apropriada.

Certa vez, caminhamos até uma linda área arborizada por onde corria um riacho, perto da casa dela. Depois que nos sentamos num banco, tia Esther me perguntou:

— Como você sabe tanta coisa?

Como se ela nada soubesse dos anos que eu levara tratando do meu corpo e do corpo dos outros! Só depois de sentir os efeitos do meu trabalho em si mesma lhe acudiu a idéia de que os meus esforços poderiam ter alguma validade. Ficou impressionada ao verificar que o tratamento a tirara da cama em apenas um mês.

Falei-lhe a respeito de Miriam, Jacob, Shlomo e das muitas outras pessoas com as quais trabalhara. Isso pareceu ter algum sentido para ela, embora dissesse:

— Mesmo assim, você deveria arranjar um diploma de fisioterapeuta.

Quando ela fizera a mesma sugestão vários anos antes, tencionara apenas denegrir o meu trabalho, mas, desta vez, dissera-o respeitosamente, querendo estimular-me a obter títulos a fim de que o meu trabalho pudesse ser aceito mais amplamente.

A doença de tia Esther aproximou-nos. Ambos apreciávamos o tempo que passávamos juntos. Ela sentia menos necessidade de controlar-me e indicava, cada vez mais, que eu estava fazendo a coisa certa. Ficou particularmente impressionada quando soube que meio milhão de pessoas haviam ouvido minha entrevista pelo rádio. Concluído o tratamento, tia Esther deu-me um presente maravilhoso — nada mais nada menos do que uma passagem de avião para os Estados Unidos.

Eu sabia que tinha as melhores oportunidades de conseguir diplomas oficiais nos Estados Unidos. E percebi que o fato de ir para lá me ensejaria a oportunidade de ser conhecido por um número muito maior de pessoas.

Eu começara a sentir que em minha clínica já não tinha campo para progredir mais do que já o fizera em Israel. O centro era conhecido nacionalmente, graças ao programa de rádio e à extensa publicidade feita entre as próprias pessoas. Apesar das longuíssimas horas de trabalho, Danny, Vered e eu não podíamos atender a todos os que queriam consultar-nos. Ocorreu-me que, se nos tornássemos mais amplamente conhecidos e acreditados, atrairíamos novos profissionais, que tornariam a nossa terapia acessível a um número maior de pessoas. Eu desejava, finalmente, fundar um hospital em que os nossos métodos pudessem ser usados.

Fazia já algum tempo que minha irmã Bella morava em San Francisco, e ela sugeriu que eu lhe fizesse companhia enquanto seguisse um curso que me desse um diploma de fisioterapeuta. Eu já fora rejeitado por duas escolas convencionais de fisioterapia e receava que até nos Estados Unidos meus métodos encontrassem oposição. Nessas condições, cheguei a um meio-termo comigo mesmo e decidi ir para San Francisco, onde passaria dois anos até completar meus estudos de fisioterapia e depois voltaria a Israel, para instalar-me definitivamente.

Bella recebeu-me no aeroporto e levou-me para casa. Eu mal podia acreditar que tudo aquilo fosse real. Tinha a impressão de haver incorporado os milhares de quilômetros que acabara de transpor voando de Israel para os Estados Unidos. Quando adormeci no sofá, senti-me como se ainda estivesse no ar.

Levei cerca de uma semana para compreender que aquele, na realidade, era um local totalmente diferente. A diferença mais notável era que eu não tinha pacientes. Agitava-me uma ânsia vigorosíssima de trabalhar — não poder trabalhar seria o pior destino que eu podia imaginar. Tudo se diria incrivelmente silencioso. Em casa, em Israel, o telefone tocava de cinco em cinco minutos e eu topava com amigos em toda parte. Assaltava-me a impressão de estar perdendo tempo quando havia tanta coisa para fazer.

Eu encontrara tão grande apoio entre os médicos de Israel que decidi estabelecer contato com médicos da Califórnia, a fim de ver se algum deles poderia ajudar-me a começar a trabalhar. Todos os meus esforços se baldaram completamente. Alguns médicos se mostraram muito polidos, mas não tinham a menor idéia do modo como poderiam ajudar-me, e a maioria me dispensou sem pronunciar uma só palavra.

Finalmente, passados seis meses, recebi uma carta de Israel com o número do telefone de um professor de Alexander na Califórnia. Combinamos encontrar-nos, e ele me prometeu fazer tudo o que pudesse para enviar-me pacientes. Também me apresentou a um optometrista conhecido seu, chamado Gottlieb.

O dr. Gottlieb foi a primeira pessoa nos Estados Unidos que pareceu entender e apreciar o que eu tinha para dizer. Embora possuísse uma clínica excelente, não estava satisfeito com ela.

— Eu mesmo fiz os exercícios de Bates — disse ele. — Eu tinha uma miopia incipiente, e depois de um ano e meio me curei. Agora minha visão é normal ou melhor do que o normal. Tenho, porém, a impressão de que a verdadeira experiência me fugiu, muito embora eu tivesse trabalhado com afinco e melhorado a visão.

Entendi o que ele queria dizer.

— O senhor talvez se tenha empenhado em excesso nos exercícios em vez de apenas experimentá-los — insinuei.

Indiquei ao dr. Gottlieb alguns tratamentos. Seu abdômen estava muito tenso, e eu o ajudei a liberar a tensão dos músculos abdominais contraindo e depois relaxando cada um deles, massageando e estendendo cada um dos membros. Estiquei-lhe o braço enquanto ele o visualizava atravessando a sala, atravessando a rua, atravessando o oceano, o que lhe relaxou os ombros e o peito. Depois disso, postou-se mais solidamente no chão, e até o rosto se mostrou mais relaxado.

Confirmada sua aprovação inicial do meu trabalho, comecei a ir ao seu consultório uma vez por semana, a fim de tratar de uns poucos pacientes. As pessoas que vi revelaram-se muito interessadas no trabalho e nos exercícios, mas a maior parte não se dispunha a praticá-los entre uma sessão e outra. Mostrava-se muito aberta às novas idéias, mas, na realidade, nada fazia de verdadeiramente substancial com elas.

Comecei a notar que o pessoal da Califórnia confia pouco em si mesmo. Em Israel é muito diferente. Eu sabia que, se tivermos confiança no que estamos fazendo, podemos pôr todo o nosso esforço por trás do nosso trabalho e, assim, melhorar a visão e a saúde.

Eu não sabia como trabalhar com os americanos, cuja insegurança me surpreendeu. Vindo de um país que vive constantemente sob a ameaça de guerra, achei que os americanos, cujo país é estável e poderoso, não tivessem nada a temer. Não demorei muito para perceber, todavia, que toda gente possui algo que pode perder e muita coisa que precisa proteger. Conquanto nem saibam direito o que estão protegendo, as pessoas assumem uma posição de defensiva geral. Essa atitude de autoproteção era evidente na postura de muitos que ali conheci. À proporção que principiei a compreender melhor as pessoas com as quais estava trabalhando, meu trabalho e seus resultados melhoraram.

O dr. Gottlieb e eu abrimos um centro de tratamento em San Francisco. Ele me animou a dar aulas de progresso da visão. Até então, eu trabalhava apenas com indivíduos e não estava muito seguro de que o meu trabalho seria eficaz com grupos de pessoas. Logo descobri, porém, que numa classe pequena, reunida durante três ou quatro horas, eu podia estabelecer uma atmosfera de intimidade e dar a cada aluno atenção individual suficiente. Todos aqueles que seguiram o curso aprimoraram a visão, mas algumas pessoas encontraram meios engenhosos de evitar o mergulho em alguma coisa que não lhes era familiar. Minha técnica exigia que os alunos modificassem toda a sua maneira de enxergar, e alguns responderam qualificando o trabalho de difícil ou muito demorado, e deixando o curso pela metade. Com o passar dos anos, diminuía o número de alunos que deixavam as minhas aulas no meio do curso, mas creio que fui um pouco duro e direto demais nesses meus primeiros anos nos Estados Unidos.

Mesmo assim, descobri que podia ensinar os alunos a desenvolver a percepção cinestésica, bem como os princípios básicos que havia por trás do meu trabalho.

De um modo geral, as aulas foram um sucesso. Dezenas de alunos completaram os cursos e aperfeiçoaram a visão. Sou muito grato ao dr. Gottlieb por me ajudar a iniciar meu trabalho nos Estados Unidos. Depois de passarmos um ano juntos, ficamos sabendo que éramos capazes de aprender um com o outro, e seguimos nossos próprios caminhos.

À proporção que o tempo passava, o trabalho com pacientes individuais voltou a ser minha atividade principal. Eu não precisava fazer tantos discursos nem dar tantas explicações. O meu toque oferecia aos pacientes alívio e força, e eles, de um modo geral, pouco se preocupavam com a teoria existente por trás do alívio e da força que recebiam.

Ainda assim, a experiência de ensinar me foi proveitosa. Aprendi a falar sobre o meu trabalho de um modo que inspirava as pessoas a apreciar a importância de cuidar dos olhos e do corpo. Continuei a ensinar desde então com um excelente índice de sucesso. Em minhas aulas, exijo dos alunos que trabalhem com afinco e realmente alcancem alguns resultados. Não adianta nada a uma pessoa limitar-se a "assistir" às aulas. A autocura requer a decisão do paciente de se examinar criteriosamente e realizar quaisquer modificações que porventura se façam necessárias.

Luelia foi meu primeiro grande sucesso na América. Era uma mulher de idade, que nascera com visão dupla e olhos convergentes (estrabismo) e se queixava com freqüência de ter o pescoço e as costas duras. Consultara um quiroprático, e procurava, não raro duas vezes por dia, um homeopata e um oftalmologista.

Fora os problemas crônicos, Luelia sofria de infecções oculares periódicas. Hipersensível à luz, preocupava-se incessantemente com a própria saúde. Sempre que vinha ver-me, trazia uma lista com uma dúzia de problemas de saúde. A despeito de suas lamentações e sentimentos de solidão, Luelia tinha muita coragem e muitos interesses. Dirigia uma pequena editora especializada em livros religiosos. Pessoa muito religiosa, encontrava na religião a fé, a força e o conforto. Acreditava que o fato de ter vindo procurar-me fora ordenado pela Providência divina.

Luelia estava com setenta anos de idade e, embora já se tivesse ajustado à visão dupla, os olhos lhe doíam constantemente em virtude da tensão, e nem as drogas conseguiam minorar-lhe a dor. Chegara a trabalhar com professores do método Bates, mas o trabalho fora infrutífero. Finalmente, desistira tanto dos métodos convencionais quanto dos holísticos, e decidira "colocar seus problemas nas mãos de Deus".

Luelia estava visitando um museu nos arredores de Los Angeles, quando encontrou uma mulher que lhe perguntou se havia alguma coisa errada com seus olhos. Depois que Luelia lhe contou a sua história, a mulher disse:

— O melhor professor do método Bates deste país mora em San Francisco.

E deu a Luelia o meu endereço, três quarteirões adiante do lugar em que ela morava. Ela estava certa de que Deus lhe dera uma resposta.

Telefonou-me um dia de Los Angeles e, no domingo seguinte, em lugar de ir à igreja, veio ver-me. De aparência frágil e cabelos de neve, Luelia recebera instruções de um suposto professor do método Bates, trinta anos antes, para suprimir o olho mais forte e usar apenas o mais fraco. A intenção dele havia sido fortalecer o olho fraco, mas, ao fazê-lo funcionar pelos dois, impusera-lhe uma pressão intolerável e, nesse processo, enfraquecera o olho bom, deixando-o em ociosidade. Na visão dupla, cada olho vê uma imagem separada e não funde as duas numa só. Recomendar a supressão de um olho fora uma medida completamente errada. Luelia deveria ter aprendido a usar os dois.

Mais tarde, outro professor do método Bates insistira em que ela visse um minúsculo ponto numa página e gritara com ela quando Luelia lhe dissera que não podia vê-lo, mas não lhe dera outras explicações. Muitas pessoas que ensinam o método Bates confundem e distorcem as idéias desenvolvidas por esse médico. Quando o dr. Bates dizia ser necessário ver até as menores minúcias com clareza, não queria dizer que devemos ser forçados a fazê-lo e sim que devemos aprender a usar os olhos de maneira que isso seja possível! No caso de Luelia, era especialmente errado obrigá-la a forçar os olhos para enxergar.

Além dos graves problemas físicos, Luelia vivia quase paralisada pela ansiedade. Nunca conseguia relaxar-se. Não era capaz de executar o *palming*, pois, quando encostava os cotovelos na mesa, tinha medo de estar prejudicando os ombros. Não insisti em que ela praticasse o *palming*, mas, em vez disso, recomendei-lhe que se sentasse num quarto bem escuro, fechasse os olhos e imaginasse ver a escuridão.

Compreendi que Luelia precisava dedicar-se ao método da autocura aos poucos, gradativamente, e nunca de uma hora para outra. A paciência e a compreensão demonstradas pelo terapeuta são, muitas vezes, a chave do bom êxito do paciente. Era importante deixá-la decidir o que era certo ou errado para si mesma, ainda que eu viesse a discordar de sua opinião. Importava que eu não lhe impusesse uma disciplina, mas, pouco a pouco, a iniciasse no trabalho e depois a deixasse fazê-lo dentro do seu próprio ritmo.

Sugeri a Luelia que deixasse voltar a visão dupla e, em seguida, alternasse a utilização de cada olho. Se fosse necessário usar por mais tempo um dos olhos, deveria usar o mais forte. Pouco tempo depois, ela já era capaz de ler e bater à máquina por mais de uma hora sem se cansar.

Após trabalhar um mês dessa maneira, os vasos sanguíneos rompidos do olho mais fraco principiaram a curar-se. O branco de ambos os olhos clareou, e a íris tornou-se límpida como cristal. Sempre que se sentia cansada, ela se fechava num quarto escuro e tentava ver a escuridão. Isso a relaxava e amenizava-lhe a dor. Sua tolerância à luz aumentou, e ela passou a mostrar-se menos estrábica. Não tardou, e Luelia já não tinha medo de fazer o *palming*.

Passados alguns meses, o propósito inicial que a levara a procurar-me já tinha se realizado. Ela não mais padecia de dores incessantes e podia bater à máquina horas a fio. Entretanto eu queria que ela modificasse não apenas os sintomas, mas também o problema fundamental: a tensão opressiva que o medo lhe provocava.

Sua tensão era tão forte que, por diversas vezes, quando andava de automóvel e o carro passava sobre uma saliência qualquer, deslocava uma vértebra e beliscava um nervo. Seu corpo vivia tão tenso que qualquer coisa podia feri-la, e isso a aterrorizava. Precisei ajudá-la a fortalecer e relaxar o corpo a fim de deixá-la menos suscetível ao medo.

Luelia sofria de insônia. Nunca dormia mais de duas horas seguidas. Contou-me que ninguém conseguia massageá-la sem fazê-la gritar de dor. Muito frágil, o corpo tinha inúmeros vasos sanguíneos rompidos e músculos fracos. Massageei-a com tamanha delicadeza que, a princípio, foi-lhe difícil sentir alguma coisa; ela não teve sequer a consciência de estar entorpecida.

À medida que o tempo passou, começou a participar mais ativamente, tanto mental como fisicamente, da própria cura. Pouco a pouco a tensão abrandou-se, e seus tecidos reconquistaram a sensibilidade. É essencial, para aqueles que praticam exercícios, exercitar-se de modo que a tensão acumulada nos músculos possa ser liberada. Isso era especialmente verdadeiro no caso de Luelia.

Ensinei-lhe movimentos suaves e simples para os músculos; passado algum tempo, ela pôde exercitar-se durante quarenta minutos diários. Confessou ser aquela a primeira vez que realizara exercícios sistematicamente.

— Os exercícios, em geral, me deixam muito cansada. Mas os seus são diferentes... realmente me ajudam.

Sempre que uma cefaléia a acometia, movia a cabeça delicadamente, imprimindo-lhe um suave movimento rotativo. Aprendeu a massagear-se, e a liberar a tensão da porção inferior das costas com suaves movimentos da perna e respiração profunda e relaxada.

Pela primeira vez, Luelia se sentia responsável pela própria saúde. Na verdade, desenvolveu uma confiança tão grande que, no transcorrer das nossas sessões, principiou a dizer-me o que fazer.

Luelia tornou-se consideravelmente menos suscetível a nervos beliscados ou a um pescoço duro, e seus olhos melhoraram de maneira notável. Dedicávamos a eles uma sessão de duas em duas semanas. Sentada ao pé de um janelão do consultório, Luelia olhava para o outro lado da rua e, mais especificamente, para a tabuleta de uma loja. A princípio, via as letras duplas, porém imbricadas. Pedi-lhe que cerrasse os olhos e imaginasse não haver distância alguma entre a tabuleta e ela. Cumpria-lhe bloquear todos os demais pormenores e focalizar a própria atenção. Em seguida, pedi-lhe que descerrasse um olho, olhasse para a tabuleta, fechasse o olho e, a seguir, fizesse o mesmo com o outro olho.

Enquanto olhava, ela transferiu o foco de um ponto para outro e, volvido algum tempo, foi capaz de distinguir o centro do seu campo visual desde a periferia. Conquanto a imagem ainda não estivesse clara, a utilização das células periféricas lhe relaxava os olhos, e ela pôde distinguir uma letra ou duas e ver os espaços existentes entre elas. Quando Luelia abriu os dois olhos ao mesmo tempo, viu tudo distintamente duplo. Isso mostrava que ela estava começando a corrigir o hábito de suprimir um dos olhos e representava, ao mesmo tempo, um alívio para os dois.

Fiz com que abrisse um olho de cada vez, olhasse para a tabuleta e, em seguida, fechasse o olho e imaginasse a tabuleta desenhada com letras bem pretas num fundo branco. Ela o fez, alternando primeiro os olhos e, finalmente, usando os dois ao mesmo tempo. Logo foi capaz de ver toda a tabuleta claramente com cada olho separadamente. Depois disso, eu lhe disse que fechasse os dois olhos e imaginasse estar vendo todo o letreiro, primeiro com um olho e depois com o outro, e então imaginasse estar vendo a tabuleta de um ângulo com cada olho.

Por fim, pedi-lhe que imaginasse estar fundindo as duas imagens numa só. Quando abriu os olhos, Luelia pôde ver, por alguns momentos, com a clareza de um cristal, perfeitamente legível, uma imagem do letreiro.

Ela estava totalmente abismada, a partir desse momento, sua visão melhorou.

À proporção que os olhos se relaxavam, deixaram de ser estrábicos, o que indicava que o estrabismo provinha da tensão. O *sunning* e o *palming,* os exercícios de visualização mental e o fato de ter aprendido a olhar para as coisas sem esforço se combinaram para corrigir-lhe a visão. A idéia de que o ato de ver requeria esforço entranhara-se nela. Com o propósito de quebrar o hábito de esforçar-se para olhar, ensinei a Luelia exercícios de piscamento.

O fato de esforçar-se para enxergar alguma coisa inibe a pessoa, impede que ela pisque o suficiente, e o fato de não piscar demanda um novo esforço.

Se tentarmos olhar para um ponto sem piscar, nem que seja por um minuto, veremos quanto esforço se faz necessário para consegui-lo. O piscar representa um descanso para os olhos e, ao mesmo tempo, é essencial à boa visão.

Pedi também a Luelia que pegasse uma caneta e movimentasse os olhos para cima e para baixo ao longo da caneta enquanto traçava uma linha. Se ela tivesse olhado para a linha, teria feito um esforço para ver se a linha fora traçada reta. Vendo-a apenas perifericamente, foi-lhe possível traçar a linha sem tensão e, por conseguinte, mais reta.

Ela repetia diariamente o exercício, e este a ajudou a aprender a relaxar-se enquanto enxergava com a visão central, pois familiarizara-se com o relaxamento enquanto utilizava a visão periférica.

Ao fim de tudo, Luelia deixou completamente de usar óculos. Conseguiu do departamento de trânsito autorização para dirigir sem óculos e nunca mais contraiu infecções oculares. A visão dupla, que a acompanhava desde que nascera, desapareceu depois que ela fez setenta e dois anos de idade. Não podemos ajudar o corpo sem ajudar os olhos, e vice-versa. Luelia é um soberbo exemplo do que estou dizendo.

Os óculos não curam a visão fraca e não oferecem alívio para os olhos fracos. São, tão-somente, uma muleta que faculta aos olhos fazer um esforço para ler; ler o tempo todo de óculos é o mesmo que andar o tempo todo de muletas.

A teoria oftalmológica atual sustenta que os olhos não podem melhorar ou mudar, nem mesmo com exercícios. Pois essa teoria se refuta com muita facilidade. Os olhos mudam, mudam até constantemente, e podem sempre mudar para melhor.

195

Parte III
Visão

Capítulo 14

A mente

A mente é uma consciência não-material que habita todas as partes do corpo. Todas as partes do corpo humano são um reflexo da mente. Para que qualquer mudança se verifique no corpo, terá de ser, inicialmente, aceita pela mente. Não é possível curar o corpo sem haver, primeiro, obtido o apoio da mente. Infelizmente, todavia, a mente manifesta a tendência de repetir padrões já familiares e de não fazer experiências com novas idéias. Essa "rigidez" manifesta-se em todo o corpo.

A fim de modificar o modo com que o nosso corpo funciona, precisamos compreender, em primeiro lugar, a premissa que permite ao corpo funcionar de forma incorreta: a saber, que o funcionamento incorreto, ou enfermidade, é natural.

Em nosso estado atual, não podemos sequer imaginar a possibilidade da saúde perfeita. A fim de conseguir uma saúde melhor, precisamos visionar a melhora desejada e aplicar o movimento ou exercício apropriado que instrui o corpo sobre a maneira de fazê-lo. Precisamos trabalhar simultaneamente com a mente e com o corpo. A maior parte dos profissionais da saúde preocupa-se quase exclusivamente com o corpo, deixando de lado a importância fundamental da conexão entre a mente e o corpo.

O cérebro (distinto da mente) é o centro de todo o funcionamento do corpo. É a mente que controla o modo com que o cérebro recebe a informação transmitida a ele pelos sentidos e o modo com que reage à informação recebida. A mente estabelece os padrões da percepção. Se eu achar que não posso executar determinada tarefa, minha mente informará isso a meu cérebro, e este instruirá meus músculos no sentido de que não podem fazê-lo.

A mente dirige os sentidos para os objetos que ela deve perceber e, em seguida, através do cérebro, dirige também o funcionamento do corpo. Quando vemos, ouvimos, provamos, cheiramos ou tocamos, é a mente que determina a maneira com que experimentamos o objeto que nos impressionou os sentidos.

A mente limita a nossa capacidade de utilizar o cérebro, que aceita as limitações impostas pela mente e deixa-se programar para elas. Todo o corpo, incluindo o cérebro, é uma manifestação das idéias da pessoa a respeito de si mesma, o que equivale a dizer que é uma criação da mente. A atividade muscular, pré-afeiçoada, é sempre executada de acordo com uma série de instruções rígidas. Os músculos executam simplesmente o conceito da mente a respeito do que eles são capazes de fazer.

A mente sofre a influência das circunstâncias, especialmente daquelas que interessam às emoções. Se você mora perto de uma estrada de rodagem e ouve o barulho do tráfego hora após hora, tenderá a tornar-se irritadiço e deixar tensos os seus músculos. Situações frustrantes ou dificuldades na vida nos fazem sentir tensos, fracos e vulneráveis, e, dessa maneira, o nosso corpo se torna tenso, fraco e vulnerável.

A inteligência inata do corpo é impedida de expressar-se em conseqüência das limitações impostas pela mente. Isso não é apenas um dilema moderno; tem-se revelado verdadeiro há milhares de anos. Em lugar de utilizar instintivamente o músculo correto para trabalhar de maneira apropriada, utilizamos grupos inteiros de outros músculos de forma desnecessária e ineficiente, e isso nos deixa fatigados e exaustos. A mente percebe o movimento incorreto como se fosse normal e recusa-se rigidamente a permitir qualquer novo entendimento.

Nenhuma patologia, assim como nenhuma moléstia, pode ocorrer sem a plena cooperação da mente. Pela imposição de sua rigidez aos músculos, por intermédio dos nervos, ela embaraça e impede todo o funcionamento no interior do corpo. A circulação, com sua distribuição vital de oxigênio e substâncias nutritivas e com sua ação de limpeza igualmente vital, é restringida; a função dos nervos é distorcida e a respiração é limitada. A tensão muscular prolongada provoca um dano incalculável.

A morbidez é inevitável quando se interrompe o funcionamento normal do corpo. No caso de esclerose múltipla, por exemplo, será de pouca utilidade procurar uma substância química capaz de reconstruir a bainha de mielina quando o corpo do paciente, através de suas atividades diárias, se acha ativa e continuamente empenhado em destruí-la.

A esclerose múltipla e a artrite são *processos* degenerativos, não são doenças. A menos que se procure a cooperação da mente a fim de reduzir a tensão no corpo e diminuir a sobrecarga sobre o sistema nervoso, os nervos do paciente de esclerose múltipla continuarão a sofrer o processo de deterioração.

A medicina moderna tem sido muito bem sucedida na busca de curas para os diversos males. Mas se forem suprimidos de uma forma, os estados mórbidos provenientes da rigidez da mente encontrarão outra. Sem encarar de frente o problema fundamental e procurar resolvê-lo, nunca libertaremos o gênero humano da doença buscando curas para males específicos.

Enquanto tivermos medo da enfermidade, esta nunca desaparecerá. Acredito que, mesmo que deixemos de vacinar as crianças contra a pólio, será muito pouco provável assistirmos à recorrência de uma epidemia, pois o medo da ameaça da pólio desvaneceu-se. Foi transferido para outros males. Não adianta superar o medo de determinado mal. É o próprio medo que precisamos erradicar.

A compreensão de que a mente governa o corpo é o primeiro passo vital para a compreensão do corpo e de suas funções.

A mente usa o corpo para traduzir o pensamento em

realidade física. A idéia de sermos pequenos pode, através da tensão física, transformar até uma pessoa alta numa pessoa "pequena", curvada, corcovada, limitada.

Da mesma forma, a idéia de força e poder pode fazer uma pessoa pequena mover-se com tanta energia e expansibilidade que o seu tamanho se torna irrelevante e pode até passar despercebido. A mente reeduca os músculos de maneiras nocivas ou vantajosas. Por intermédio da mente, é possível inverter o processo da degeneração física. Podemos eliminar a idéia da inevitabilidade da doença. Se nos sentirmos fracos, pequenos ou indefesos, podemos praticar exercícios — físicos e mentais — que nos darão um sentido de expansibilidade.

Se observarmos no corpo alguma tendência para melhorar, qualquer indicação de que um processo de degeneração está sendo invertido, devemos fazer tudo o que estiver ao nosso alcance para estimulá-lo. Podemos permitir ao corpo que fique mais à vontade consigo mesmo, que se torne mais flexível e menos sujeito ao estresse. Ainda que tenhamos sofrido danos nos nervos e nos músculos, esses tecidos podem regenerar-se mediante um programa de exercícios mentais e físicos.

Para fazê-lo, devemos trabalhar não só com o corpo, mas também com a mente, de modo que o conceito não-material da saúde se manifeste em nosso ser material. Isso demanda, é claro, muito trabalho. As mãos carinhosas de um amigo, terapeuta, pai ou companheiro, podem ajudar a propiciar uma saudável estimulação aos nossos músculos e aos nossos nervos.

Assim como a mente é a base de tudo no corpo físico, também a "mente do mundo" é a base de tudo no mundo — de todos os pensamentos, ações, idéias, sentimentos e sensações. Uma consciência partilhada por todo o gênero humano. Não é infinita. Sofre as mesmas limitações e tem os mesmos padrões que o gênero humano, a qualquer momento dado, impõe a si mesmo.

Todo indivíduo está empenhado num diálogo com a mente do mundo. Como resultado disso, qualquer mudança que se registra em qualquer sociedade ou em qualquer indivíduo, interessa a todos nós. Nada acontece em parte alguma que não seja um reflexo da mente do mundo e não volte para ela. Os pensamentos, os sentimentos, as ações ou as condições de qualquer indivíduo, sociedade ou do próprio gênero humano saltam da mente do mundo e, por sua existência, a perpetuam.

As similaridades, pressuposições, costumes e traços da personalidade de determinada cultura são um reflexo em miniatura da maneira com que trabalha a mente do mundo. Assim como as pessoas se desenvolvem de modo semelhante dentro de uma cultura, também o gênero humano evolve continuamente em unicidade através da mente do mundo.

Qualquer ato individual reverbera, através da mente do mundo, em toda a humanidade. Nenhum indivíduo deixa de sofrer a influência de qualquer ato humano, embora os efeitos possam não ser experimentados consciente nem imediatamente. Todo pensamento e todo ato contribuem para a imagem total da humanidade e passam a ser parte da mente do mundo.

À semelhança da mente do indivíduo, a mente do mundo tende a resistir à mudança e a preservar conceitos e situações já conhecidos. As idéias novas e criativas só nos vêm de fora da mente do mundo e são raras exatamente porque esta é muito poderosa.

Criar a mudança na mente do mundo é a coisa mais difícil que uma pessoa pode esperar fazer. A mente do indivíduo, por si mesma, apresenta um imenso desafio. A idéia da saúde restaurada é quase inconcebível para o paciente de distrofia muscular, que assiste à degradação cada vez maior do próprio corpo.

É quase impossível para uma pessoa em tais condições aceitar a idéia de que esses músculos podem ser reconstruídos e de que sua força pode ser restaurada. Só mesmo mostrando que podemos fazê-lo e a maneira como podemos fazer é que um dia nos será possível modificar este mundo.

A mente individual é muito parecida com o funcionário de uma empresa que prefere a repetição da rotina à mudança criativa, e a mente do mundo, ou a mente de todo gênero humano, é muito parecida com uma convenção de funcionários, que, na grande maioria das vezes, prefere a repetição à criatividade.

Mas há momentos de graça ou de liberação, quando damos um passo além da mente do mundo e nos vemos momentaneamente livres dos nossos padrões. É no transcurso desses momentos que não só a mente do indivíduo, mas também a do mundo, podem mudar.

Capítulo 15

Visão: comunidade autocurativa

Faz-se necessário novo tipo de hospital, onde terapeutas e pacientes possam trabalhar em conjunto com a finalidade de criar saúde. Os terapeutas não *curarão* os pacientes, mas se restringirão simplesmente a guiá-los pelo caminho da *auto*cura. Caberá aos pacientes executar o trabalho que lhes propiciará o aprimoramento de sua vida e de sua saúde.

Os hospitais de hoje, como também acontecia no passado, incentivam um relacionamento de dependência entre pacientes e médicos. Numa atmosfera dessa natureza, os pacientes são desencorajados de participar plenamente do próprio tratamento. Não há lugar em que possam trabalhar juntamente com os terapeutas com o propósito de levar a efeito as mudanças necessárias para sarar e impedir uma recidiva.

Na comunidade que imagino, os terapeutas guiarão os pacientes e também cuidarão do próprio corpo. Darão instruções e apoio aos pacientes em sua terapia, e também proporcionarão exemplos vivos, passando parte do dia cuidando da própria saúde.

As pessoas irão ali para se experimentar profundamente, para vivenciar sua doença e sua saúde, de um modo quase impossível em circunstâncias comuns. A transformação de padrões habituais e entendimentos convencionais numa visão interior exata e penetrante leva tempo e tem maior probabilidade de ser bem sucedida num ambiente calmo e criativo. Para ter saúde depois de anos de tendências autodestrutivas, precisamos de ambientes saudáveis, agradáveis, onde possamos pôr de lado, por algum tempo, os estresses da vida de todos os dias e devotar toda a nossa atenção à autocura, isto é, à cura de nós mesmos.

Para a consecução desse desejo imagino uma área rural, talvez de um quilômetro quadrado, com diversos edifícios centrais e, mais ou menos, uns cem chalés. O prédio principal poderia ser usado como sala de jantar e salão para as reuniões de grupo; o edifício das salas de aula se destinaria ao trabalho em conjunto de clientes e terapeutas, individualmente e em pequenos grupos; e o "hospital" seria reservado aos terapeutas para observar, dar instruções, trabalhar com os clientes e avaliar-lhes o progresso.

Os chalés seriam separados por áreas arborizadas e ligadas umas às outras por caminhos. Haveria um córrego e várias piscinas naturais, e um grande jardim em que seriam organicamente plantadas hortaliças, ervas e flores, proporcionando um lugar em que pacientes e terapeutas pudessem trabalhar, se tivessem vontade de fazê-lo.

Nessa comunidade, os clientes se encontrarão freqüentemente em grupos, incluindo grupos de pessoas acometidas da mesma enfermidade. O que poderia ser mais alentador para um grupo de pacientes de distrofia muscular progressiva do que outros doentes de distrofia muscular desenvolvendo seus músculos um por um?

As reuniões de grupo proporcionarão aos clientes apoio, conhecimentos partilhados e incentivos. A cada cliente se oferecerá a oportunidade de descrever suas sensações e experiências, e isso é extremamente benéfico. Um grupo inteiro trabalhando com vistas à recuperação detém enorme poder. As pessoas que se julgam mais doentes do que as outras terão o ensejo de ver algumas em estado muito pior, e verão também outras que, tendo começado em piores condições do que as suas, agora se acham em situação muito melhor.

Os membros de um grupo podem exercitar-se em conjunto e receber instruções apropriadas às suas necessidades comuns. Quando um grupo de pacientes com asma respira junto, profunda e suavemente, seus componentes se ajudarão reciprocamente a desenvolver a força necessária para debelar os acessos. Os pacientes portadores de problemas similares poderão trabalhar entre si em grupos de dois a quatro.

Os clientes lidarão consigo mesmos, em seus chalés, de seis a oito horas por dia. Uma vez por semana, haverá um seminário dirigido por um paciente, do qual toda a comunidade, incluindo os terapeutas, participará como aluna. Uma vez por mês, um terapeuta mais velho dirigirá um seminário de três a cinco dias para todos. Cada pessoa terá sempre a opção de fazer alguma coisa diferente, se preferir; embora se trate de uma situação comunal, as pessoas poderão optar por privacidade, se assim o desejarem.

A consciência fundamental do grupo será de paz interior e de conhecimento de que nenhuma doença do corpo ou da mente é inevitável. Todos meditarão sobre o conceito da "não-moléstia". O progresso dos clientes será documentado desde o princípio até o fim, e o tratamento de todos, se for possível, será supervisionado por médicos.

O "hospital" não será um sítio de recolhimento, destinado tão-só a proporcionar aos que o procuram uma fuga da vida de todos os dias. Tanto os pacientes quanto os terapeutas que buscam escapar das pressões e problemas de sua vida raramente estão abertos ao aprendizado ou ao crescimento. Preferem aferrar-se a padrões rígidos e familiares de comportamento.

Desconfio que muito pouca gente desejará, na realidade, fazer parte de uma comunidade como a que estou descrevendo, e que apenas uma fração será capaz de demorar-se nela por muito tempo. Entretanto, será necessário um compromisso de seis meses, no mínimo, a fim de dar ao processo de autocura tempo suficiente para desenvolver-se.

A nossa resistência à mudança, ainda que seja para melhor, é muito forte. Menos de seis meses não será tempo bastante para a maioria dos participantes. Os indivíduos que chegarem primeiro pavimentarão o caminho para muitos mais que se seguirem, demonstrando a eficácia do trabalho e se apoiando e fortalecendo mutuamente.

O primeiro passo que se pode dar para fazer do mundo um lugar melhor onde viver há de ser melhorar a saúde de todos. A única maneira de livrar o gênero humano da doença consiste justamente em cada pessoa tornar-se sadia, converter-se no seu próprio terapeuta. Depois de nos livrarmos da preocupação com o corpo dolorido e enfermo, poderemos concentrar a atenção no aprofundamento da percepção. Tomando por base indivíduos que aprendem a cuidar da própria saúde, podemos criar um novo mundo. Precisamos libertar a mente a fim de que ela não iniba o corpo e não o impeça de alcançar seu verdadeiro potencial.

Em meus seminários, dou às pessoas muitas espécies de exercícios. Ensino-as a movimentar todas as partes do corpo. Se não pudermos movimentar uma parte que seja deste, o resto sofrerá por isso. Pernas paralisadas, por exemplo, exercem uma influência deletéria nos braços e no torso. À proporção que o paciente aprende a fazer mais movimentos numa área rígida do corpo, verifica que se torna mais fácil executar movimentos normais em outras áreas. Se ele quiser aumentar a movimentação, precisará quebrar os padrões que perpetuam a rigidez.

O propósito de uma comunidade empenhada na autocura é idêntico. Para poder chegar, como seres humanos, à plenitude do nosso potencial, temos de ter mais movimento. As pessoas que não estão bem de saúde sentem uma profunda melancolia em relação ao próprio corpo. Sacudindo essa rígida conexão, criaremos a liberdade física necessária à saúde perfeita e à verdadeira liberdade espiritual.

Uma revolução vem-se verificando, devagar e em silêncio, nas atitudes de muitas pessoas no que concerne à moléstia e à saúde. Um número cada vez maior de pessoas está compreendendo que é possível criar saúde e não apenas combater a doença. A nossa comunidade refletirá e dirigirá essa nova consciência. Em lugar de perpetuar a noção de que a doença é normal, ajudaremos a criar um mundo que preconize a saúde perfeita.

Quando eu tinha vinte e poucos anos e já me encontrava estabelecido nos Estados Unidos, decidi levar a cabo um jejum de oito dias, tomando apenas sucos, para limpar o corpo. Eu já o fizera antes e o achara extremamente proveitoso para os olhos. Um dos meus pacientes levou-me às montanhas de serra Nevada, a uma área distante, perto do passo de Donner. Enquanto cruzávamos o passo, acudiram-me pensamentos solenes a propósito de sua história. Pareceu-me irônico que eu fosse jejuar no lugar em que aqueles desventurados pioneiros tinham morrido à míngua.

Ocorreu-me que eu conhecia pessoas que haviam jejuado por até noventa dias, por motivos de saúde, sem pôr em risco a própria vida, ao passo que outros tinham morrido de fome num brevíssimo período de três semanas. Afigurou-se-me que a mente e a vontade são os elementos que estabelecem a diferença. O fato de jejuar com uma finalidade, com determinação e intenção, não é o mesmo que nos vermos privados de comida contra nossa vontade. O medo, o sofrimento e o desespero são os verdadeiros problemas, e não somente a privação de alimentos. Jejum é limpeza, purificação e repouso.

Levei meu liquidificador e preparei sucos de vegetais e de frutas, percorri os caminhos da montanha e tratei do corpo. No quarto, fiz exercícios de respiração profunda e o *palming*. No *palming* gozei de uma sensação de relaxamento e contentamento perfeitos. Descobri-me capaz de viver confortavelmente com um copo de suco por dia, embora goste de comer e tenha o hábito de comer bastante.

No quarto dia me encontrei quase constantemente em estado de meditação. Sentei-me para praticar o *palming* e descobri que me era possível ver a escuridão perfeita, consecução rara, que prova que os olhos e o nervo óptico estão completamente em repouso. O pretume foi-se aprofundando à medida que eu continuava, e uma grande sensação de calma espalhou-se por todo o meu corpo.

Depois disso, meus olhos principiaram a sentir uma dor aguda, por terem sido sobrecarregados de trabalho e forçados. Passados uns poucos minutos, a dor desapareceu, mas, então, senti pressão nos olhos e tive uma súbita e vívida lembrança. Lembrei-me da ocasião, seis meses antes, em que me sentira tão desalentado que, na verdade, quisera ser cego outra vez.

Eu estivera estudando anatomia e fisiologia na escola e achara a minha leitura insuportavelmente lenta, difícil e penosa. Estudava dia e noite e, mesmo assim, não me saía bem nos exames. Era simplesmente o excesso de esforço. Se era isso o que o mundo da visão tinha para oferecer, era melhor esquecê-lo! Eu estava pronto para sacrificar anos de trabalho com meus olhos pela paz singela da cegueira.

O desejo de voltar a ser cego tornou-se tão forte que consultei um terapeuta gestaltista, capaz de ajudar-me. Ele me pediu que descrevesse um lugar em que eu gostaria de estar, e comecei descrevendo um quarto completamente escuro e muito repousante para os olhos. Continuei a descrição pintando um jardim brilhantemente ensolarado, que cercava o quarto — com o seu verde profundo, as plantas tropicais, a lagoa de um azul cintilante; céu claro e azul; e a luz dourada e penetrante.

— Está vendo? Você, provavelmente, quer ver mais do que qualquer outra pessoa no mundo.

Como que por artes mágicas minha resistência desapareceu, e ansiei por ver mais até do que antes.

A sensação de pressão nos olhos, que me salteava durante o *palming,* era exatamente igual à pressão que eu sentira por ocasião dos exames, e levei quase uma hora praticando o *palming* para dar cabo dela. Seguiu-se a isso uma fadiga terrível e, logo, uma sensação de queimação. Eu me habituara a essas sensações nos anos de estudos e leitura sem óculos.

Comecei, então, a experimentar todas as sensações que já experimentara nos olhos, como se estivesse retrocedendo no tempo. Senti-me como me sentira aos dezoito anos, quando, pela primeira vez, a luz me bateu em cheio nos olhos. Às vezes, a luz me feria, outras, era tão deliciosa quanto um banho quente. Senti meus olhos aos dezessete anos, quando o borrão que eu conhecia como visão havia apenas principiado e rearranjar-se, e imagens reconhecíveis, uma vez ou outra, surpreendentemente, apareciam.

Retrocedi ainda mais, para os quinze anos de idade, quando eu não via coisa alguma, a não ser um borrão vazio, e meus olhos eram totalmente destituídos de sensação. Não somente os olhos careciam de sensação, mas também o corpo todo era presa de uma sensação insubstancial, irreal, como se eu simplesmente não existisse. Permaneci aqui, num lugar de não-ser, durante uma hora, e pouco depois me senti enfarado. A música *pop* que eu ouvia, tocada no quarto vizinho, me parecia mais interessante do que o que eu estava fazendo.

No momento exato em que principiei a perambular por ali, vi a imagem de uma criança recém-nascida. Ela me pareceu estar sufocando, e eu lhe perguntei:

— Por que não respira?

Ela respondeu em russo, meu primeiro idioma:

— Porque estou com medo.

— Do que tem medo?

E ela me respondeu:

— Tenho medo de que ninguém mais veja o que estou vendo.

Percebi que o recém-nascido era eu mesmo. Notei que seus olhos eram azuis e, visto que os meus são castanhos, fiquei intrigado com isso por muitos anos, até que me contaram que os olhos de todas as crianças são azuis ao nascerem. O bebê estava choramingando, muito infeliz, e pude sentir nele um constrangimento e um medo terríveis.

Percebi que esse era o meu próprio medo mais profundo, o medo que movia a minha vida. Tentei encontrar palavras para convencer a criancinha a não ter medo e, enquanto procurava as palavras, a experiência tornou-se avassaladora. Deixei de fazer o *palming*, deitei-me na cama, de costas, e cobri os olhos com uma toalha. Eu me achava seguro com meu medo, mas senti uma espécie de alívio por estar em contato com ele.

Reiniciei o *palming*, mas a criancinha continuava ali. Tornei a perguntar-lhe:

— Por que não está respirando?

Dessa feita, ela respondeu em hebraico:

— Por que tenho medo de ver.

Eu jamais acreditara nesse tipo de experiência e sempre fizera pouco dos que falavam nela. E, no entanto, aqui estava eu conversando comigo mesmo como criança.

Embora estivesse quase enregelado de frio, tentei consolá-la.

— Não tenha medo. Nada há a temer.

Sentia-me esmagado. Interrompi o *palming*. Percebi que eu não era tão forte que fosse capaz de enfrentar essa encarnação do meu medo mais profundo.

Saí do quarto e dei um pequeno passeio ao sol da tarde. Restaurado, retornei ao *palming,* e a imagem do recém-nascido, muito tênue, foi desaparecendo aos poucos. Senti-me relaxado e aberto, provavelmente em virtude do passeio. Depois surgiu outra imagem. Vi-me em Israel, na biblioteca de Miriam, a pessoa que me conduziu a uma vida de visão. Ao contrário da imagem do recém-nascido, que era do passado, esta foi claramente uma visão do futuro. Eu estava na biblioteca de Miriam, lendo um livro que se achava a três metros de distância. Senti uma grande confiança e uma profunda satisfação.

Não há razão por que não devo ler daquela distância. Atualmente não estou sequer na metade do caminho, mas já não vejo obstáculo à minha frente.

O AUTOR E SUA OBRA

Meir Schneider nasceu na Rússia, em 1954, e emigrou para Israel, com os pais, com a idade de quatro anos. Sofreu cinco operações da vista sem obter sucesso e, aos sete anos, foi declarado legalmente cego. Anos depois, por meio de exercícios para os olhos e de terapia motora, foi capaz de ler sem óculos e começou a trabalhar com outras pessoas portadoras de deficiência física, chamando a atenção para seu trabalho e sua arte de curar. Em 1975, emigrou para os Estados Unidos a fim de continuar os estudos e, em 1977, fundou o Center of Conscious Vision (Centro de Visão Consciente), em San Francisco. Em seguida, estabeleceu o Center for Self-Healing (Centro para Autocura), em 1980.

A obra de Schneider é hoje muito conhecida em todo o mundo. Sua abordagem para o tratamento da saúde — o fortalecimento do indivíduo — é uma mensagem de inspiração e esperança, bem como um guia prático para que todos se exercitem.

Índice

Agradecimentos 5

Introdução 7

Parte I Crescendo cego
Capítulo 1 — Savta 13
Capítulo 2 — Isaac 26
Capítulo 3 — Miriam 42
Capítulo 4 — Danny 48
Capítulo 5 — Vered 66
Capítulo 6 — Nosso primeiro centro 80
Capítulo 7 — Suspensórios para Rivka 92

Parte II Terapêutica de autocura
Capítulo 8 — Problemas das costas 107
Capítulo 9 — Artrite 122
Capítulo 10 — Esclerose múltipla 135
Capítulo 11 — A respiração e a visualização ... 156
Capítulo 12 — Distrofia muscular 169
Capítulo 13 — Problemas dos olhos 182

Parte III Visão
Capítulo 14 — A mente 199
Capítulo 15 — Visão: comunidade autocurativa 205

O Autor e sua obra 213

O PODER DO PENSAMENTO POSITIVO

Norman Vincent Peale

Eis alguns capítulos deste livro: *Tenha Confiança em Si Mesmo — O Espírito Tranqüilo Gera Energias — Como ter Constante Energia — Recorra ao Poder da Oração — Como Criar a Sua Própria Felicidade — Acabe com a Exaltação e Agitação — Espere Sempre o Melhor e Consiga-o — Não Acredito em Fracassos — Como Acabar com as Preocupações — Como Solver os Problemas Pessoais — Como Empregar a Fé na Cura — Quando a Vitalidade Estiver em Declínio, Experimente esta Fórmula de Saúde — O Influxo de Novos Pensamentos Poderá Fazer de Você um Novo Homem — Acalme-se para que Possa Adquirir Facilmente Novas Forças — Como Fazer as Pessoas Gostarem de Você — Receita para a Amargura — Como Recorrer ao Poder Supremo — Epílogo.*

Norman Vincent Peale é professor do "New York's Marble Collegiate Church", de Nova Iorque. Considerado na América do Norte como o ministro dos "milhões de ouvintes" e como doutor em "terapêutica espiritual", tornou-se popular através de sua colaboração na impressa, rádio e televisão e pelos admiráveis volumes em que vem reunindo o melhor de sua constante pregação, particularmente aquela que desde 1937 mantém num dos mais ouvidos programas radiofônicos dos Estados Unidos. Milhares de consultas chegam-lhe diariamente de todos os recantos do mundo. E milhões de pessoas já lhe agradeceram os conselhos e sugestões que as levaram a reencontrar a felicidade perdida.

EDITORA CULTRIX